이것만 알면 전세사기 중개사고 끝

AI보다 쉽고 간단하게
하루 만에 읽고 중개 실무 마스터하기

이것만 알면
전세사기
중개사고 끝

이승규 지음

두드림미디어

펴내며

 부동산 경기만 어려운 것은 아니지만 30년 전과 지금의 부동산 경기는 사뭇 다른 면이 있다. 예전에는 부동산 관련 법이 미비해 조금만 공부하면 대박 신화를 만들 수 있었지만, 지금은 복잡한 시대가 되었다. 현재 막 개업하는 개업공인중개사들의 수준은 매우 높으며, 가르치고 상담하는 본인도 공부를 하지 않으면 뒤처지기 일쑤다.
 한국공인중개사협회에서 8년간 상담위원 및 실무교육 교수로 있으면서 미약하지만 개업공인중개사들의 위상을 높여주고, 실무에서 겪은 다양한 지식을 전하고자 책으로 엮어봤다. 최근 들어 개정된 공인중개사법과 다양한 판례가 쏟아져 나와, 이를 정리하는 것이 공인중개사분들에게 해줄 수 있는 미약한 주춧돌이라고 생각한다. 또한, 한국공인중개사협회 경기도남부회의 '회원을 위한 중개업무 관련 공지사항'에 기고한 글을 중심으로 전세사기예방, 계약갱신요구와 실거주로 인한 계약갱신거절, 직접 거래, 대리계약 등 다양한 판례를 실어 개업공인중개사들의 실무에 도움이 되도록 했다.

책을 출판하는 데 아낌없이 도움을 주시고 평소에도 성원해주신 한국공인중개사협회 김종호 회장님, 한국공인중개사협회 경기도남부회 박태원 회장님, 박상태 상담위원장님, 안호형 박사님, 이재경 대의원님, 이성훈 변호사님, 서영천 교수님, 한국공인중개사협회 이규정 교육부장님, 윤종빈 회원지원부장님, 상담과 이란희님, 채현길 연구실장님, 오재호 과장님, 박용명 과장님, 이강은 대외협력실장님, 박성진 대리님, 최다운 주임님, 김해리 님에게 감사의 마음을 전한다.

2025년 5월 부동산학 박사
이 승 규

Contents

펴내며 … 4

CHAPTER 01 전세사기예방 및 주택임대차보호법

- 계약 해지 시 청약과 승낙의 합치 … 16
- 가계약 시 조건의 성취와 미성취 … 18
- 상대방이 직접적인 계약 해지 의사를 표현하지 않는 경우의 손해배상책임 … 20
- 대리인과 계약 시 위임장과 인감증명서 원본의 교부대상 … 23
- 대리계약 시 대리권을 확인하지 않은 경우 공인중개사의 책임과 과실상계 … 25
- 대리계약 시 계약서상의 대리인란에 대리인의 인적사항을 기재하지 않은 경우 공인중개사의 책임 … 28
- 등기사항전부증명서의 현재유효사항 발급(열람)으로 인한 손해배상 … 30
- 매도인에게 대리위임한 사실이 있는지는 서류상의 확인도 중요하지만, 위임내용과 사실 확인 등 그 진정성이 중요 … 32
- 매도의뢰인이 진정한 소유자와 동일인인지 확인 … 34
- 전세계약서 작성 시 특약 … 36
- 중개대상물확인설명서 ④ 임대차확인사항 [ ] 열람 동의 체크시기 … 40
- 공인중개사법 제25조의3 설명의무 시기 … 43
- 전세계약과 매매계약 시 계약금(중도금) 편취 … 45
- 최근 전세사기에 연루된 공인중개사에 대한 대법원 판례 … 47
- 국세 지방세 완납증명서를 확인해야 하는 이유 [법정기일] … 49

- 전세계약 시 확정일자 부여현황, 국세납세증명서, 지방세납세증명서를 열람할 수 있다는 임차인 권리 설명의무 … 52
- 전세계약 시 임대인이 확정일자 부여현황, 국세납세증명서, 지방세납세증명서를 제시할 의무 … 54
- 임대인이 확정일자 부여현황, 전입세대열람원, 국세납세증명서, 지방세납세증명서를 제출하지 않아, 이를 계약서나 중개대상물 확인설명서에 기재하면 공인중개사의 책임이 없는지 여부 … 55
- 신탁부동산의 보증금 미반환 … 56
- 신탁부동산 사기 민원사례 … 58
- 매매와 동시에 전세계약하는 경우 잔금을 미지급한 매수인과 전세계약을 체결한 임차인의 대항력 … 59
- 다가구주택에서 임대인의 선순위 보증금 허위 고지 … 61
- 개업공인중개사가 다가구주택 계약 시 계약의 중요한 것(선순위보증금, 임대차의 시기와 종기 등)이라면 선량한 관리자로서 신의성실하게 중개할 의무 … 63
- 허위의 임대차계약서를 법원 경매에 신청하고 미수에 그쳤더라도 경매 방해죄 성립 … 67
- 1년으로 정한 임대차계약에서 묵시의 갱신을 이유로 2년을 더 주장할 수 있는지 여부 … 69
- 계약갱신요구권 행사 후 임차인의 해지권은 묵시의 갱신과 동일 … 71
- 계약갱신 거절의 사유인 실거주는 임대인이 입증 … 73
- 실거주를 이유로 계약갱신요구를 거절한 판례 1 … 75
- 실거주를 이유로 계약갱신요구를 거절한 판례 2 … 77
- 실거주를 이유로 계약갱신요구를 거절한 판례 3 … 79
- 실거주를 이유로 계약갱신요구를 거절하고 매도한 경우의 상반된 판례 … 80
- 임차인이 임대차계약의 갱신을 요구한 후 다시 계약 해지 통지를 한 경우 임대차계약의 종료일이 문제된 사건 … 81
- 임차인의 계약갱신행사 변경으로 인해 실거주를 하려는 매수인의 계약이행이 곤란해진 경우 잔금지급이행의무 … 83

- 가등기 후 증액된 주택임차보증금의 대항력 … 85
- 임대차승계를 원하지 않는 임차인의 계약 해지 … 87
- 매수인이 임대차보증금을 인수하면서 매매대금에서 공제한 경우 매도인의 임대차보증금 채무까지 인수한 것으로 보는지 여부 … 89
- 개업공인중개사가 임차인의 보증금 채무인수의 법적 성격까지 매도자에게 조사·확인해서 설명할 의무가 있는가 … 91
- 주택 소액임차인의 범위와 기준 … 94
- 주택임대차보호법상 중소기업 법인의 직원 범위 … 95
- 소액임차인을 보호하기 위한 최우선변제권을 악용한 경우 … 97
- 실제로 거주하는 호실과 등기사항증명서상 호실이 다를 때 공인중개사의 책임 … 98
- 등기사항증명서상 호실을 여러 호실로 만들었을 때 공인중개사의 책임 … 101
- 보증금이 감액되어 소액임차인이 된 경우 주택임대차보호법이 적용되는지 여부 … 103
- 채권회수를 위한 임대차계약의 경우 임차인이 주택임대차보호법상 소액임차인으로 적용되는지 여부 … 104
- 임대차계약에서 보증금과 월세를 지급했다는 입증책임은 누구에게 있나 … 105
- 분실 및 도난 시 임대인의 책임 여부 … 107
- 전세권인 임대차에서의 수선의무 … 109
- 위반건축물의 매수 시 취득세를 설명하지 않은 경우 … 110
- 다가구주택 호(가구)별 면적확인방법 및 표시광고위반사례 … 111
- 묵시적으로 계약이 연장된 후 임대인의 요구로 다시 작성된 계약에서 임차인의 해지권 포기 여부 … 115
- 경매를 받은 양수인이 임차인의 밀린 월세, 관리비 등을 보증금에서 공제해도 되는지 여부 … 117
- 하자담보책임에 대한 판례 1 … 119
- 하자담보책임에 대한 판례 2 … 121
- 위반건축물의 고지 및 설명의무 … 123

상가임대차보호법

- 상가건물 임대차보호법상 소액임차인의 범위 … 126
- 여러 개의 상가 구분점포를 임차하는 경우 대항력 … 127
- 상가의 원상복구 판결 1 … 128
- 상가의 원상복구 판결 2 … 129
- 상가의 장기수선충당금은 누가 부담해야 하나요? … 131
- 건물에 같은 업종의 임차인이 추가로 입점하는 경우 … 133
- 상가임대차에서 임대차 도중 임차인의 명의를 변경하는 경우 새로운 계약으로 보는지 여부 … 135
- 상가임대차에서 계약종료 1일 전에 해지통고가 가능한지 여부 … 136
- 관리자가 임차인의 점포에 들어간 경우 건조물침입죄 여부 … 138
- 업종을 이유로 신규 임차인의 입점 방해 … 140
- 권리금 회수 방해에 대한 손해배상 판결 1 … 142
- 권리금 회수 방해에 대한 손해배상 판결 2 … 144
- 상가임대차 특약의 '최대한 협조한다'라는 약정의 의미 … 146
- 상가임대차에서 낡은 창문 교체 등 시설비를 청구할 수 있는가 … 149
- 상가권리금계약을 공인중개사가 작성해도 되는지에 대한 질의 답변 … 151
- 소규모사업장 내 제조시설과 사무소를 영리목적으로 봐서 상가임대차보호법의 적용대상으로 볼지 여부 … 154
- 목적물의 반환과 보증금반환의무 … 157

CHAPTER 03 토지임대차

- 토지임대차 시 건물 원상복구를 해야 할까? … 160
- 외국인도 농지 취득이 가능한지 여부 … 161
- 지목이 임야지만 농사를 짓고 있다면 농지인지 여부 … 163
- 자경의사가 없는 경우 농지법 위반 판례 … 165

CHAPTER 04 공인중개사법

- 초과중개보수를 다시 반환한 경우 중개사법 위반 여부 … 168
- 중개행위의 중개보수가 아닌 컨설팅으로 인정한 경우 … 170
- 중개의뢰하지 않은 거래당사자로부터의 중개보수 판례 … 172
- 개설등록하지 않은 자와의 중개보수약정 효력 … 174
- 중개보조원이 계약서를 작성하고 서명날인하는 경우 … 175
- 현 개업공인중개사로서 중개업을 하면서 별도로 다른 회사(부동산분양대행법인)를 다녀도 될까? … 177
- 공인중개사에게 계약의 원만한 이행 및 임차인의 임대차보증금 반환채권 보전을 도모할 의무를 인정한 사례 … 178
- 계약 체결일과 작성일, 부동산거래신고 기준일 … 181
- 부동산 교환계약서 … 184
- 부동산 동업계약서 작성 … 186
- 공동중개 시 개업공인중개사가 미리 계약서, 확인설명서에 서명날인하고 현장에 없는 경우 … 190

- 소속공인중개사가 현장 안내를 한 경우 계약서와 중개대상물 확인설명서 작성 … 191
- 중개하지 않고 계약서(확인설명서)를 작성·교부해서 타인에게 손해를 입힌 행위 … 193
- 물건지 중개보조원이 진정한 소유자인지 확인하지 못하고 공동중개한 경우, 손해배상책임 여부 … 195
- 중개대상물 확인설명 중 권리관계 설명 미흡 판례 … 198
- 묵시적 갱신 또는 중도 퇴실 시 중개보수는 누구에게 청구해야 하는지 여부 … 200
- 중개보수를 일방이 모두 부담해도 되는지 여부 … 202
- 중개보수 초과수수로 인한 행정처벌 … 203
- 중개보수 특약 시 부담 여부와 보증금 차이가 있을 때 어느 것을 기준으로 내야 하는지 … 205
- 중개보수를 못 받았는데 어떻게 청구 가능한지 … 206
- 간이과세자(세금계산서 발급사업자)는 몇 %의 부가가치세를 소비자에게 청구해야 할까? … 210
- 다른 공인중개사를 비방하는 사례(공인중개사의 기본윤리) … 213
- 이중계약서 작성 … 215
- 의뢰인과 직접 거래 1 … 216
- 의뢰인과 직접 거래 2 … 217
- 의뢰인과 직접 거래 3 … 218
- 의뢰인과 직접 거래 4 … 219
- 중개사무소 건물이 위반건축물일 때 … 221
- 중개사의 보증금반환 책임특약 약정 시 공제보험금 지급 여부 … 223
- 중개보조원 고용(종료) 미신고 민원사례 … 225
- 소속공인중개사의 서명 및 날인 누락 … 227
- 카페나 온라인에서 개업공인중개사의 중개를 제한하는 행위 (부동산거래질서교란행위) … 229
- 과태료 처분 절차 … 231
- 중개사무실의 게시의무와 현금영수증 스티커 게시 … 233
- 공인중개사무소의 직원 퇴직금 지급의무 … 235

CHAPTER 05 부동산거래전자계약

- 전자계약서 작성 시 참석하지 않고 비대면으로 서명만 해도 되는지 여부 … 238
- 전자계약서 작성 시 외국인도 가능한지 여부 … 240
- 전자계약서 작성 시 공인중개사 본인의 건물을 계약해도 되는지 여부 … 241

CHAPTER 06 행정처분

- 공인중개사자격증 취소 … 244
- 공인중개사자격증 시험의 결격사유 … 245
- 중개사무소 개설등록의 결격사유 … 246
- 중개사무소 등록 취소 … 247
- 중개사무소 등록 취소(선택)/업무 정지/벌칙 … 249
- 공인중개사 업무 정지 … 251
- 소속공인중개사 자격 정지 … 254
- 공인중개사 과태료 … 255
- 벌칙 [1] … 259
- 벌칙 [2] … 260

CHAPTER 07 민법, 주택임대차보호법, 상가임대차보호법의 비교

- 민법/주택임대차보호법/상가건물임대차보호법의 비교 … 262

참고 및 인용도서 … 265

CHAPTER 01

전세사기예방 및 주택임대차보호법

계약 해지 시
청약과 승낙의 합치

계약 약정은 했으나 일방적인 파기만을 주장하며 계약이 해지되었다고 판단하는 사례가 있다.

계약이 합의해지되기 위해서는 일반적으로 계약이 성립하는 경우와 마찬가지로 계약의 청약과 승낙이라는 서로 대립하는 의사표시가 합치될 것을 요건으로 하는바, 이와 같은 합의가 성립하기 위해서는 쌍방 당사자의 표시행위에 나타난 의사의 내용이 객관적으로 일치해야 하므로 계약 당사자의 일방이 계약 해지에 관한 조건을 제시한 경우, 그 조건에 관한 합의까지 이뤄져야 합의해지가 성립된다.

(대법원 2005다21647, 21654)

원고(임차인)는 2018. 11. 21. 피고(임대인)와 보증금 1,000만 원에 월세 37만 원으로 2018. 12. 1부터 2020. 11. 30까지 계약을 하고 12. 1. 입주 시 발코니 외부 창문 추가 설치 공사에 합의를 했다. 12. 11. 창문 공사를 한 후 원고는 아파트 내부에 락카, 실리콘 냄새가 난다면서 피고에게 이를 해결해줄 것을 요구했으며 그 이후 월세 지급을 하지 않았다.

서로 일정이 맞지 않다가 2019. 3. 5일경 피고와 원고가 아파트 내부를 확인했으나 냄새가 나지 않았다.

원고는 2019. 3. 7. 피고에게 이사를 나가겠으니 임차보증금 전액을 반환해달라고 요구했고, 피고는 원고의 이사는 동의하지만 밀린 월세를 정산해야만 보증금 반환이 가능하다고 답변했다. 그 직후 원고는 일방적으로 이사를 나가고 열쇠를 경비실에 맡겨두었다. 2019년 5월경 새로운 임차인을 구하려고 그 열쇠를 이용해 공인중개사를 통해 집을 보여줬다. 원고는 2019. 7. 31. 본 부동산에 가압류를 신청했다.

피고도 2020. 11. 30까지 임대차가 해지되지 않아 유효하게 존속함을 전제로 원고의 월세 미지급과 관리비 미지급, 원고의 계약기간 이후 불법 점유로 인한 손해배상 지급청구, 가압류 해제를 구하는 소를 제출했다.

계약의 합의해지는 이미 체결한 계약의 효력을 소멸시킬 것을 내용으로 하는 새로운 계약이며, 기존 계약의 효력을 장래에 향해 소멸시키기로 하는 내용의 청약과 승낙이 합치되어야 한다. 이런 합의가 성립하기 위해서는 쌍방 당사자의 표시행위에 나타난 의사의 내용이 객관적으로 일치해야 하므로 계약 당사자 일방이 계약 해지에 관한 조건을 제시한 경우, 그 조건에 관한 합의까지 이뤄져야 한다. 당사자 사이에 계약을 종료시킬 의사가 일치되었더라도 계약종료에 따른 법률관계가 당사자들에게 중요한 관심사인 경우 이러한 법률관계에 관해 아무런 약정 없이 계약을 종료시키는 합의만 하는 것은 합의해지가 성립했다고 보아서는 안 된다. 이러한 법리는 임차보증금반환분쟁이 해결되지 않는 경우에도 적용된다.

(대법원2023다236566)

가계약 시 조건의
성취와 미성취

가(假)계약은 조건을 명시하고 계약하는 계약이다. 즉, 가압류를 말소해주는 조건으로 전세계약을 하겠다거나 상가의 영업 허가가 나는 조건이면 월세 계약을 하겠다는 조건부 계약을 '가계약'이라 하며 그 보증금원을 '가계약금'이라고 한다. '선행조건이 이뤄지지 않는다면 가계약금은 돌려주기로 한다'라는 특약이 있거나, 선행조건이 이뤄지지 않는다면 보증금원의 반환특약으로 가계약금은 돌려줘야 한다. 만약, 반환특약이 없다면 돌려받기는 어렵다. 반대로 선행조건이 해결되면 본계약으로 넘어간다. 참고로, 중개업자 등은 조건부 계약이 아닌 일반적인 계약에는 '가계약'이라는 단어를 사용하지 않고 '계약', '계약금'이라고 표현해야 한다.

계약의 원만한 이행을 위해서는 첫째, 중도금 약정을 반드시 하자. 둘째, 위약금 약정을 반드시 하자. 중도금 약정이 있는 경우 당사자 일방의 해지가 어렵고, 위약금 약정이 있는 경우도 위약금의 금액이 높기 때문에 계약 해지가 어렵다.

갑이 을과 부동산매매계약의 가계약금을 체결해서 을에게 가계약금을 지급했다가(가계약 반환 약정은 없음) 본 계약 체결을 스스로 거부한 갑은 가계약금의 반환을 청구할 수 없다.

(대구지법 서부지원 2018가소21928)

상대방이 직접적인 계약 해지 의사를 표현하지 않는 경우의 손해배상책임

계약 후 임차인이 계약금 일부만 입금하고 연락이 안 되거나 나머지 계약금 지급을 차일피일 미루는 경우가 있다. 이런 이행지체나 채무불이행의 경우라고 하더라도 바로 계약이 해지되는 것은 아니고, 임대인도 서면으로 최고한 후에야 해지가 된다.

임대인과 임차인이 계약서를 작성했지만, 임차인이 계약금 일부만 입금하고 2주 넘게 나머지 계약금을 지급하지 않았더라도 직접적인 계약 해지 의사를 표현하지 않은 이상, 전세계약은 유효하므로 임대인에게 손해배상책임이 있다.

임차인이 계약 당시 정한 계약금 중 나머지를 지급하지 않았다고 해서 이 계약이 무효라거나 자동적으로 해지된다고 보기는 어렵고, 해지나 무효라는 약정을 한 사실도 없다. 임대인은 나머지 계약금이 입금되지 않자 다른 3자와 계약을 체결했고, 이에 임차인이 나머지 계약금을 임대인에게 입금했다. 임대인은 계약의 해제와 계약금의 반환을 위해 임차인에게 계좌번호를 요구했다. 따라서 계약은 해제되었고 임대인은 받은 계약금을 반환할 의무가 있으며, 손해배상금을 지급할 의무가 있다.

> **[계약 내용]**
> ○ 보증금 2억 1,500만 원
> ○ 계약금 2,000만 원은 계약 시 지불
> ○ 잔금 1억 9,500만 원은 2021년 1월 29일 지불
> 제6조[계약의 해제] 임차인이 임대인에게 중도금(중도금이 없을 때는 잔금)을 지불하기 전까지 임대인은 계약금의 배액을 상환하고, 임차인은 계약금을 포기하고 이 계약을 해제할 수 있다.
> 제7조[채무불이행과 손해배상의 예정] 임대인 또는 임차인은 본 계약상의 내용에 대해 불이행이 있을 경우 그 상대방은 불이행한 자에 대해 서면으로 최고하고 계약을 해제할 수 있다. 이 경우 계약 당사자는 계약해제에 따른 손해배상을 각각 상대방에게 청구할 수 있으며, 손해배상에 대해 별도의 약정이 없는 한 계약금을 손해배상의 기준으로 본다.
> **[특약사항]** 2. 위 부동산은 2020년 11월 9일 매매된 상태로 소유권이 2020년 12월 30일 변경될 예정이며, 잔금과 동시에 전세가 이뤄지는 계약임을 확인함(계약서 첨부).

원고와 피고 사이에서 2020년 11월 24일에 이 사건 계약이 유효하게 성립된 사실을 알 수 있다. 원고가 이 사건 계약 당시 정한 계약금 중 일부를 지급하지 않았다고 해서 이 사건 계약이 무효라거나 자동적으로 해지된다고 보기는 어렵고, 그러한 약정을 한 사실을 인정할 만한 증거도 없으므로 피고의 이러한 주장은 받아들이지 않는다.

피고가 나머지 계약금 지급을 어느 정도 유예해준 것으로 보이며, 피고가 원고로부터 2,000만 원을 지급받기 전에 원고에게 나머지 계약금의 지급을 서면으로 최고하고 계약 해제의 의사를 표시한 사실을 인정할 만한 증거가 없다. 따라서 원고가 계약금의 지급을 지체했다고 하더

라도 원고가 피고에게 2,000만 원을 지급하기 전에 피고가 이를 이유로 이 사건 계약을 적법하게 해제했다고 보기는 어려우므로, 피고의 위 주장 또한 받아들이지 않는다.

원고가 피고에게 이 사건 계약에 따른 계약금을 모두 지급했으나 피고가 이미 이 사건 아파트를 제3자에게 임대했음을 이유로 원고에게 계속해서 계약금을 반환할 계좌번호를 알려줄 것을 요청함으로써 더 이상 계약상의 의무를 이행할 의사가 없음을 명백하게 했으며, 이에 원고도 이 사건 소장의 송달로 이 사건 계약을 해제하고 피고에게 기지급한 2,100만 원과 손해배상금 2,000만 원의 지급을 구하고 있으므로, 이 사건 계약은 피고의 채무불이행을 이유로 해제됐다고 할 것이다.

따라서 피고는 원고에게 계약해제로 인한 원상회복으로서 원고로부터 지급받은 2,100만 원을 반환할 의무가 있다.

또한 특별한 사정이 없는 한 피고는 원고에게 이 사건 계약서 제7조에 따라 손해배상금을 지급할 의무가 있다. 다만 원고가 이 사건 계약 당시 지급한 계약금은 100만 원에 불과한 점, 원고는 피고로부터 원고의 계약금 지급 지체 등으로 인해 제3자에게 이 사건 아파트를 임대하기로 했다는 이야기를 듣고서 계약일로부터 2주가 지나 피고에게 2,000만 원을 지급한 점 등 이 사건 변론에 나타난 사정을 종합해보면, 이 사건의 약정 계약금인 2,000만 원의 손해배상예정액은 부당하게 과다하므로, 피고가 원고에게 지급할 손해배상액을 계약금의 25%인 500만 원으로 감액함이 타당하다.

(울산지법 2021. 11. 5. 선고 2021가단101603)

[참조] 손해배상에 대한 판결요지, 법률신문, 2021. 12. 09.

대리인과 계약 시 위임장과 인감증명서 원본의 교부대상

주택 임대 및 매매계약 시 대리계약을 했을 때 위임장과 인감증명서 원본을 누구에게 교부해야 할까?

원본은 상대방에게 교부해줘야 한다.

대리인이 매도인을 대리해 매매계약을 체결하는 경우에는 매매계약의 당사자는 매도인과 매수자이기 때문에 원칙적으로 매도인 본인의 위임장과 인감증명서 원본은 상대방인 매수자에게 교부해야 한다. 다만 당사자 사이의 약정이 있는 경우는 교부의 주체가 달라질 수 있다.

(법무부 2017. 5. 31.)

[참조] 부동산법률상담 사례 및 판례, 67page, 한국공인중개사협회, 2021

매도인의 대리인은 위임장과 인감증명서 원본이 없어도 피해를 입을 가능성이 희박하지만, 매수자는 매도자 대리인의 책임을 검토하거나 책임을 묻고자 할 때 위임장과 인감증명서 원본이 필요하다. 따라서 위임장과 인감증명서 원본은 상대방인 매수인에게 교부하고, 공인중개사

사무소나 대리인은 사본(원본대조필)을 보관하는 것이 공평의 원칙상, 문서의 존재 이유상 타당하다.

[참조] 법률신문, 이성진 변호사, 2023. 11. 12.

대리계약 시 대리권을
확인하지 않은 경우
공인중개사의 책임과 과실상계

　甲은 공인중개사 乙의 중개로 임대인 丙의 대리인이라고 주장하는 丁과 아파트 임대차계약을 체결했다. 그러나 임대차계약기간 만료 후 甲이 丙을 상대로 제기한 임대차보증금 반환소송에서 임대차계약 당시 丁이 적법한 대리권을 가지고 있다고 볼 수 없다는 이유로 패소 판결을 받게 되었다. 이 경우, 甲이 공인중개사 乙에게 손해배상을 청구할 수 있을까?

　공인중개사는 대리인이라고 주장하는 자에게 실제 대리권이 존재하는지 여부를 조사·확인해야 하나 그러한 주의의무를 다하지 아니한 채 임대차계약을 체결하도록 중개했으므로 임대차계약을 체결함으로써 입은 원고의 손해를 배상할 의무가 있다.

　'부동산중개업자와 중개의뢰인의 법률관계는 민법상의 위임관계와 같으므로, 중개업자는 중개의뢰의 본지에 따라 선량한 관리자의 주의로 의뢰받은 중개업무를 처리할 의무가 있을 뿐 아니라, 구 공인중개사의 업무 및 부동산거래신고에 관한 법률(2014. 1. 28. 법률 제12374호로 개정되기 전의 것) 제29조 제1항에 의해 신의와 성실로써 공정하게 중개 관련 업무를 수행해야 할 의무가 있다. 또한, 같은 법 제25조 제1항에서 중개의뢰를 받은 중개업자는 중개대상물의 권리관계 등을 확인해서 중개의뢰인에게 설명할 의무가 있음을 명시하고 있는 바, 그 권리관계에는 중개대상물의 권리자에 관한 사항도 포함되므로, 중개업자는 선량한 관리자의 주의와 신의성실로써 매도 등 처분을 하려는 자가 진정한 권리자인지를 조사·확인할 의무가 있다. 따라서 부동산중개업자가 대리인에 의해 체결되는 계약을 중개하는 경우 대리인이 진정한 대리인인지도 확인할 주의의무가 있다'라고 판시하고 있다. 따라서 乙은 공인중개사로서 대리인의 대리권에 관한 조사·확인의무를 다하지 아니한 채 甲으로 하여금 임대차계약을 체결하도록 중개했으므로 甲이 丙과 임대차계약을 체결함으로써 입은 손해를 배상할 의무가 있다.

(서울고등법원 2014. 6. 25. 선고 2013나79810)

공인중개사의 중개로 임대인의 대리인이라고 주장하는 자와 임대차계약을 체결했으나 실제는 대리할 권한이 없는 자이므로 임대차계약의 종료 후 보증금반환청구 소송에서 패소 판결을 받은 후 공인중개사를 상대로 손해배상을 구한 사안에서, 공인중개사는 대리인이라고 주장하는 자에게 실제 대리권이 존재하는지 여부를 조사·확인해야 하나 그러한 주의의무를 다하지 아니한 채 임대차계약을 체결하도록 중개했으므로 임대차계약을 체결함으로써 입은 원고의 손해를 배상할 의무가 있다. 또한 발생한 손해에 대한 배상의 범위를 정하는 경우, 거래당사자 본인이 본래 부담하는 거래관계에 대한 조사·확인 책임이 중개업자에게 전적으로 귀속되고 거래당사자는 그 책임에서 벗어난다고 볼 것은 아니다. 거래당사자는 중개업자의 말만 믿고 서류나 위임장 등 대리권 유무에 관한 확인을 소홀히 한 과실이 인정되며, 거래당사자에게 과실이 있는 것으로 보아 과실상계를 할 수 있다고 봐야 하고, 이것은 손해의 공평부담이라는 손해배상제도의 기본원리에 비춰볼 때도 타당하다.

(대법원 2012다69654)

대리계약 시 계약서상의 대리인란에 대리인의 인적사항을 기재하지 않은 경우 공인중개사의 책임

대리계약 시 계약서상에 대리인을 표시해야 하는지에 대해서, 민법 제114조 '대리인이 그 권한 내에서 본인을 위한 것임을 표시한 의사표시는 직접 본인에게 대해 효력이 생긴다'라고 되어 있으며, 민법 제680조에서는 '위임은 당사자 일방이 상대방에 대해 사무의 처리를 위탁하고 상대방이 이를 승낙함으로써 그 효력이 생긴다'라고 규정하고 있으나, '공인중개사법 시행령' 제22조 ①항에 '계약서에는 거래당사자의 인적사항을 기재해야 한다'라고 명시하고 있을 뿐, 그 외 공인중개사 법령에서는 위임에 대해서는 별도로 규정하고 있지 않다.

(국토교통부 부동산개발산업과 1AA-2503-0358733)

계약서상에는 거래당사자만 기재하라고 되어 있을 뿐 대리인은 포함되지 않으므로 대리계약 시 대리인을 기재하지 않았더라도 공인중개사법상 처벌이 어렵다는 판결(대구지방법원 2024구단11087)과 국토교통부의 회신(1AA-2503-0358733)이 있지만, 계약서상에 거래당사자뿐 아니라 대리인(인적사항)을 반드시 기재하는 것이 중개사고 예방과 전문직업인으로서의 올바른 계약서 작성법이라고 할 것이다.

또한 고등법원 2013나79810판결, 대법원 2012다69654 판결처럼 추후 거래당사자가 대리권을 부정하고 공인중개사가 대리권 유무를 확인하지 않아 손해가 발생한 경우에 공인중개사의 손해배상 판결이 있으므로 대리권에 대해 명백히 의심해볼 만한 상황이 아니라면, 반드시 대리인의 인적사항, 신분증과 당사자의 대리위임 여부 확인과 위임장, 인감증명서(본인발급), 신분증 등을 첨부하는 것이 좋다.

등기사항전부증명서의
현재유효사항 발급(열람)으로 인한
손해배상

 등기사항전부증명서를 발급(열람) 시 별도의 옵션(등기기록 유형)을 선택하지 않는다면 말소사항이 포함된 등기사항전부증명서가 발급된다. 하지만 그림과 같이 등기기록 유형에서 말소사항 포함이 아닌 현재유효사항만을 선택해서 발급할 수도 있다.

 최근 전세보증금 미반환으로 인한 개업공인중개사들의 재판에서, 개업공인중개사들이 계약이나 잔금 시 등기사항전부증명서를 현재유효사항만 선택해서 발급하는 경우, 재판이 불리하게 진행되어 손해배상 판결이 나온 경우가 있다.

 따라서 전세계약을 하는 경우 현재유효사항 등기사항전부증명서를 발급하기보다는, 말소사항이 포함된 등기사항전부증명서를 반드시 발급해 의뢰인(임차인)에게 제시하기 바란다.

 또한 계약서 특약에 의뢰당사자에게 제시한 근거자료(신분증, 등기사항전부증명서(말소사항포함), 확정일자 부여현황, 전입세대확인서,

국세납세증명서, 지방세납세증명서, 토지대장, 토지이용계획원, 건축물대장, 등기권리증 등)를 상세히 기술하면 좋다.

[자료] 등기사항전부증명서 등기기록 유형 선택

출처 : 대한민국법원 인터넷등기소(http://www.iros.go.kr)

매도인에게 대리위임한 사실이 있는지는 서류상의 확인도 중요하지만, 위임내용과 사실 확인 등 그 진정성이 중요

　매도인의 형제관계인 대리인으로부터 매도의뢰를 받은 공인중개사가 대리인이 가져온 매도인의 위임장, 인감증명서, 신분증, 인감도장, 주민등록등본을 확인하고 매수인과 매매계약을 체결했다. 이후 대리인은 계약금과 잔금을 받고 연락이 두절됐다. 실제 소유자에게 확인한 결과 형제인 대리인에게 부동산 담보대출을 위해 위임을 한 것이며 대리인이 위임장을 위조했고, 이에 매수인이 매도인과 공인중개사를 상대로 손해배상을 청구했으나, 매도인을 상대로 한 재판에서 대리인은 부동산을 매도할 적법한 대리권이 없을 뿐만 아니라 표현대리도 인정되지 않는다며 매수인이 패소했다. 하지만 공인중개사는 소유자에게 위임한 사실을 확인하지 않았으며, 등기권리증도 확인하지 않은 과실을 일부 인정했다.
　(청주지방법원 2002가단 7596)

　인감증명서만의 교부는 일반적으로 어떤 대리권을 부여하기 위한 행위라고 볼 수 없다(대법원 78다75). 소유자로부터 담보제공 의사가 있는지 여부 및 제3자가 소유자로부터 담보제공에 관한 위임을 받았는지 여부를 서류상 또는 기타 방법으로 소유자에게 확인해보는 것이 보통이라 할 것이므로, 만약 그러한 조사를 하지 아니했다면 그 제3자에게 소유자를 대리할 권한이 있다고 믿은 것에 과실이 있다. 즉, 소유자의 인감도장과 인감증명서를 가지고 있어도 소유자에게 위임 여부를 확인하지 않고 대리권이 있다고 믿은 사람에게 과실이 있다.

(대법원 94다34425)

인감증명서만의 교부만으로 대리권을 부여했다고 볼 수 없다. 소유자로부터 위임을 받았는지 여부를 서류상 또는 기타 방법(전화, 방문)으로 소유자에게 확인해야 한다.
따라서 소유자에게 위임한 사실을 확인해야 하고 가급적 소유자에게 송금하도록 한다.

민법 제680조 위임은 당사자 일방이 상대방에 대해 사무의 처리를 위탁하고 상대방이 이를 승낙함으로써 그 효력이 생긴다. 따라서 대리권 서류의 유무도 중요하지만 대리권의 진정성이 가장 중요하다.

매도의뢰인이 진정한 소유자와 동일인인지 확인

 진정한 소유자와 동일인인지 여부는 소유권의 귀속에 관해 의문을 품을 여지가 없는 특별한 사정이 없는 한 주민등록증 등의 서류를 조사하거나 확인하는 것만으로는 충분하지 않고, 등기권리증을 확인하거나 소유자의 주거지나 근무지 등에 연락하거나 그곳에 가서 확인하는 것 등으로 소유권의 유무를 조사하고 확인해야 한다.

 2008. 2. 25. 매도인이 피고 1 개업공인중개사에게 아파트(임대차 1,000만 원/월57만 원)를 매도의뢰했다. 2008. 3. 4. 매수 쪽 개업공인중개사 피고 2의 중개보조원 피고 3과 매수인 원고는 피고 1이 계약서를 작성하는 사이 해당 매물을 방문했다. 피고 1은 매도인의 신분증을 행정안전부에서 주민등록증 진위 여부를 조사했고, 등기사항전부증명서를 확인 후 7억 6,000만 원에 계약했다.

 계약금 7,600만 원 중 500만 원은 3월 4일에 입금하고, 7,100만 원은 3월 5일에 입금했다. 또한 중도금 3억 3,000만 원은 3월 14일에 입금하고, 임대차는 승계하며, 잔금 3억 5,400만 원은 5월 2일에 지급하기로 했다.

중도금 입금 후 매도인이 연락이 안 되고 임차인도 연락이 안 되어 해당 주소지를 방문해서 진정한 매도인과 확인해보니 임대차도 거짓이며 위장 매도였다. 위장 매도인은 은행창구에서 9차례에 걸쳐 계약금과 중도금을 입금 당일 모두 인출했다.

주민등록증과 등기사항증명서, 인감과 인감증명서를 위조하는 등 범행이 매우 교묘해져 그 행위를 간파하기는 곤란하다. 따라서 그 서류 등에 형식적인 불비(不備)가 없다는 점이나 사칭자의 언동에 현혹되어서는 아니 되므로 부동산중개업자가 부동산의 소유자라고 칭하는 사람으로부터 부동산의 매도의뢰를 받는 경우에 주민등록증 등의 서류를 조사하거나 확인하는 것만으로는 충분하지 않고, 소유권의 귀속에 관해 의문을 품을 여지가 없는 특별한 사정이 없는 한 등기권리증을 확인하거나(대법원 1993. 5. 11. 선고 92다55350 판결) 소유자의 주거지나 근무지 등에 연락하거나 그곳에 가서 확인하는 등으로 소유권의 유무를 조사하고 확인해야 한다. 따라서 피고 1, 피고 3은 공동불법행위자로서 연대해서 원고가 입은 손해를 배상할 책임이 있고 또한 피고 2도 원고에 대한 사용자책임이 있다. 원고도 등기권리증을 보여줄 것을 요구하지 않았고 임대차계약서를 교부받아 확인하지 않았으므로 손해를 70%로 한다.

(서울중앙법원 2008가합50528)

전세계약서 작성 시 특약

경기도와 한국공인중개사협회에서 시행하고 있는 경기도 안전전세 길목지킴운동에 동참한 개업공인중개사들이 체크리스트를 보고 전세계약서를 작성할 때 특히 유의해야 할 특약내용이 있다.

경기도 안전전세 길목지킴운동에서 개업공인중개사가 체크해야 할 리스트 중 대표적인 특약은 다음과 같다.

1. 임대인의 자료제출 및 세금 미납사실 확인 특약

'임대인은 계약 시 임차인에게 확정일자 부여현황, 전입세대열람원, 국세납세증명서, 지방세납세증명서를 제출함(임대인은 국세, 지방세의 미납사실 없음을 고지함).'

2. 추가로 임차인에게 불리한 권리를 설정하지 않기로 하는 특약

'현 전세는 융자가 없는 조건의 전세계약이며, 계약 이후 퇴거 시까지 임차인에게 불리한 권리(근저당, 압류 등)를 설정하지 않기로 한다.'

3. 공인중개사법 제25조의3 설명의무

'임차인은 주택임대차보호법 제3조의6 제4항에 따라 확정일자 부여기관에 정보제공을 요청할 수 있다. 또한 국세징수법 제109조 제1항, 제2항 및 지방세징수법 제6조 제1항, 제3항에 따라 임대인이 납부하지 아니한 국세 및 지방세의 열람을 신청할 수 있다.'

4. 전세대출 동의 특약

'임차인의 전세자금대출에 임대인은 동의하며 적극 협조한다(임대인에게 전화 또는 직접방문 및 임대인대출상환 시 위임장과 인감증명서제출에 동의 및 적극 협조한다).'

5. 전세보증금반환보험 가입특약

'임대인은 임차인의 전세보증반환보험가입에 동의 및 협조한다. 임차인은 잔금 즉시 전세보증금반환보험에 가입해야 한다. 임대인(악성임대인등록, 국세 및 지방세 등 체납사실이 있는 경우 등) 및 건물의 하자(불법건축물 등) 등 문제로 전세보증금반환보험에 가입이 안 될 시 즉시 계약을 해지하고 보증금을 반환한다. 또한 임대인은 보험회사로부터 발송되는 우편물 수령에 적극 동의 및 협조한다.'

6. 위약금 특약

'계약금은 위약금(계약금 중 일부 입금 및 전액 입금 후 계약파기 시 임대인은 실제 입금액의 2배를 배상하고, 임차인은 실제 입금액을 몰수한다)'

7. 근거자료 특약기재

'임차인은 임대인의 신분증, 등기권리증, 등기사항전부증명서(말소사항 포함), 토지이용계획원, 건축물대장(총괄, 전유, 표제), 토지대장 등을 확인함.'

8. 임차인에게 불리한 권리가 있는지 유무

'임대인은 임차인에게 불리한 권리, 공시되지 않은 권리사항(세금체납, 압류 등)이 없음을 임차인에게 고지함.'

9. 매매 및 전세시세 기재

'현 국민은행 시세는 매매가격 일반평균가 3억 원, 전세가격 평균가는 2억 2,000만 원(2024. 1. 1. 기준). 해당 타입의 매매실거래가는 2023. 12. 15. 3억 1,000만 원(12층), 2023. 12. 11. 2억 9,000만 원(5층) 전세실거래가는 2023. 12. 5. 2억 1,000만 원(10층), 2023. 11. 25. 2억 2,000만 원(13층).'

10. 임대인 변경 시 통보 특약

'계약 중 임대인 변경 시 임대인은 임차인에게 미리 통보하기로 한다.'

11. 잔금일에 임차인은 임대인의 확인서류 발급 및 열람 특약

'잔금일에 임차인은 임대인에게 잔금을 지급하기 전에 등기사항전부증명서, 확정일자 부여현황, 전입세대열람원, 국세납세증명서, 지방세납세증명서의 발급 및 열람을 신청해서 임대인이 계약 시 제출한 내용과 변동이 있는지, 불리한 내용은 있는지 확인 후 임대인에게 잔금을 지급한다.'

이 외에도 계약 내용에 따라 관리비 내역(개별로 사용량만큼 지불해야 할 내역), 대출 불가 시 계약 해지 등 추가적인 특약을 합의하에 기재하면 된다.

중개대상물확인설명서
④ 임대차확인사항
[ ] 열람 동의 체크시기

2023년 4월 18일부터 임대인은 주거용 임대차계약 시 반드시 임차인에게 확정일자 부여현황, 국세납세증명서, 지방세납세증명서를 제시해야 한다.

> **주택임대차보호법**
> **제3조의7(임대인의 정보 제시 의무)** 임대차계약을 체결할 때 임대인은 다음 각 호의 사항을 임차인에게 제시해야 한다.
> 1. 제3조의6제3항에 따른 해당 주택의 확정일자 부여일, 차임 및 보증금 등 정보. 다만, 임대인이 임대차계약을 체결하기 전에 제3조의6제4항에 따라 동의함으로써 이를 갈음할 수 있다.
> 2. '국세징수법' 제108조에 따른 납세증명서 및 '지방세징수법' 제5조 제2항에 따른 납세증명서. 다만, 임대인이 임대차계약을 체결하기 전에 '국세징수법' 제109조 제1항에 따른 미납국세와 체납액의 열람 및 '지방세징수법' 제6조 제1항에 따른 미납지방세의 열람에 각각 동의함으로써 이를 갈음할 수 있다.
>
> (시행일 2023년 4월 18일)

하지만 법이 개정되었으나 임대인이 계약 시 확정일자 부여현황, 국세납세증명서, 지방세납세증명서를 제출하지 않고, 개업공인중개사도 자료를 제시요구하지 않는 등 문제가 많았다.

이에 2024년 7월 10일부터 '주거용 중개대상물 확인설명서'에 앞의 3가지를 중개 시 기재하도록 법이 개정되었다. '중개대상물 확인설명서 ④ 임대차 확인사항'에서는 반드시 임대차계약 체결 전에 임차인에게 [표2]처럼 3가지 신청서에 대한 동의 및 서명과 계약 전 열람 시 준비서류를 해줬을 때 [ ]열람 동의란에 V 체크를 해야 한다.

[표1] 중개대상물 확인설명서상 [ ]열람 동의에 V 체크하는 경우

중개대상물 확인설명서 ④ 임대차 확인사항	[ ]열람 동의에 V 체크하는 경우
1. 확정일자 부여현황 정보의 　[ ]열람 동의 2. 국세 및 지방세 체납 정보 　[ ]열람 동의	반드시 임대차계약 체결 전에 임차인에게 [표2]의 신청서에 동의 및 서명과 준비서류를 해줬을 때

[서식] 중개대상물 확인설명서

출처 : 공인중개사법 시행규칙 서식20호[중개대상물의 확인·설명서 주거용 건축물]

즉, ① 주택임대차계약증서상의 확정일자 부여 및 임대차정보제공에 관한 규칙 별지 제3호서식, ② 국세징수법 시행규칙 별지 제95호서식, ③ 지방세징수법 시행규칙 별지 제2호서식에 임대인이 임차인에게 필요한 준비서류를 교부해줬을 때를 말한다. 임차인은 신청서(임대인 동의)와 준비서류를 가지고 미리 계약 전에 열람을 신청할 수 있다.

계약이 완료되면 임차인은 임차인의 권리에 의해서, 계약서와 신분증을 가지고 동사무소에 방문해서 임대인의 서류(확정일자 부여현황, 전입세대열람원, 국세납세증명서, 지방세납세증명서)가 맞는지 확인할 수 있다(단, 국세 및 지방세는 잔금일까지 열람 가능).

[표2] 임대인 제시서류, 서식종류, 준비서류(동사무소, 세무서마다 준비서류는 달라질 수 있다)

제시서류	서식종류	계약 전 열람 시 준비서류
확정일자 부여현황	주택임대차계약증서상의 확정일자 부여 및 임대차정보제공에 관한 규칙 별지 제3호 서식	1. 임대인 동의서(신청서란에 위임자, 신청인의 서명(날인)으로 갈음할 수 있음) 2. 인감증명서 3. 본인서명사실 확인서 또는 신분증 사본
국세 납세 증명서	국세징수법시행규칙 별지 제95호 서식	1. 주민등록증 또는 운전면허증 사본 2. 임대인의 동의를 증명할 수 있는 서류(신청서란에 임대인의 서명(날인)으로 갈음할 수 있음) 3. 동의서(위임장)(민원처리에 관한 법률 시행규칙 별지서식 2호)
지방세 납세 증명서	지방세징수법시행규칙 별지 제2호 서식	1. 임대인 및 임차인의 신분을 증명하는 서류 2. 임대인의 동의를 증명할 수 있는 서류(신청서란에 임대인의 서명(날인)으로 갈음할 수 있음)

공인중개사법 제25조의3 설명의무 시기

공인중개사법 제25조의3 임대차 중개 시의 설명의무는 계약서 작성 시 해야 하는지, 아니면 처음 중개행위 시작부터 해야 하는지 알아보자.

결론부터 말하면 계약서 작성 시에 설명하는 것이 아니라, 계약이 체결 될 때(구체적인 약정에 합의하고 금원이 입금될 때) 공인중개사법 제25조의3(임대차 중개 시의 설명의무)을 설명해야 한다. 공인중개사법은 다음과 같다.

> **공인중개사법**
> **제25조의3(임대차 중개 시의 설명의무)** 개업공인중개사는 주택의 임대차계약을 체결하려는 중개의뢰인에게 다음 각 호의 사항을 설명해야 한다.
> 1. '주택임대차보호법' 제3조의6제4항에 따라 확정일자 부여기관에 정보제공을 요청할 수 있다는 사항
> 2. '국세징수법' 제109조 제1항·제2항 및 '지방세징수법' 제6조 제1항·제3항에 따라 임대인이 납부하지 아니한 국세 및 지방세의 열람을 신청할 수 있다는 사항
> (시행일 2023년 10월 19일)

중개사법 제25조의3에는 '주택의 임대차계약을 체결하려는 중개의뢰인에게 설명해야 한다'라고 규정하고 있고, 계약을 체결하려는 때는 '매매계약의 체결일은 매도인이 부동산의 매수인에게 이전할 것을 구체적으로 약정하고, 매수인이 그 대가로서 금원을 지급하는 것에 관해 당사자의 합의가 이뤄진 날을 의미, 즉 본질적 사항이나 중요사항에 관해 구체적으로 의사의 합치가 있거나 적어도 장래 구체적으로 특정할 수 있는 방법과 기준 등에 관한 합의가 있는 사실상 거래계약이 체결된 날(민법563조, 2005다39594)'이라고 보면, 계약서를 작성할 때에 공인중개사법 제25조의3에 따라 의뢰인(임차인)에게 설명하면 아니 되고, 반드시 계약의 청약과 승낙으로 구체적인 약정이 이뤄지고 금원이 지급되려는 때에 의뢰인(임차인)에게 설명해야 한다.

즉, 일반적으로 임대인과 임차인에게 계약에 대한 구체적인 약정을 할 때(문자로 보낼 때), 위 중개사법 제25조의3을 설명해야 한다. 보통 문자로 약정내용을 보낼 때 중개사법 제25조의3을 문자로 보낸다. 또한 계약서 작성 시에도 특약에 기재하면 더욱 좋다.

전세계약과 매매계약 시 계약금(중도금) 편취

전세계약과 매매계약 시 계약금과 중도금을 임대인과 매도자가 편취하는 사고가 늘고 있다. 계약금을 편취하는 매도인, 임대인 사건이 최근 몇 년간 수원, 평택 등 전국적으로 일어나고 있다. 이렇게 계약금만 편취하거나 잔금 전에 압류가 들어와서 계약이행이 안 되고 계약금을 돌려받지 못하는 사건이 지속적으로 발생하고 있다. 이러한 매도인, 임대인의 계약금(중도금) 편취를 예방하기 위해서는

① 2023년 4월 18일부터 시행된 주택임대차법 개정으로 임대인으로부터 계약 시 확정일자 부여현황, 국세 및 지방세의 납세증명서를 제출받아야 한다(매매계약 시에도 매도인의 국세 및 지방세 납세증명서를 제출하도록 한다).
② 한방부동산거래정보망(한방)의 NICE신용정보 조회로 임대인, 매도인의 신용을 조회해야 한다.
③ 계약금(중도금)을 잔금 시까지 은행, 개업공인중개사 등에게 예치, 보관하도록 해야 한다.

아울러, 매도인이나 임대인이 급매로 물건을 내놓을 때는 반드시 사유를 물어보는 등 중개사고에 적극적으로 대처해야 한다.

만약 중개사고가 발행했다면 한국공인중개사협회에서는 회원들의 민형사상 문제에 대한 변호사 예약상담을 무료로 실시하고 있다.

변호사 상담 예약방법
한국공인중개사협회 홈페이지 방문 ⇒ 로그인 ⇒ 부동산법률 ⇒ 변호사 상담 예약 ⇒ 상담 일자와 내용 기재 ⇒ 상담 예약 완료

최근 전세사기에 연루된 공인중개사에 대한 대법원 판례

　인천시 미추홀구 건축업자이며 공인중개사 사무소를 운영하는 남 모 씨는 토지를 매입하고 대출을 받아 주택이 준공되면 명의를 빌린 수탁자들 이름으로 소유권보존등기를 마치는 등 2010년부터 그 일대 2,700채의 주택을 실제로 보유한 사람이다. 나머지 피고인들은 공인중개사 등으로서 남 씨에게 명의를 빌려준 사람들이다. 이들은 부동산실명법 위반과 사기, 공인중개사법 위반(직접 거래 등), 근로기준법 위반 등으로 기소되었다. 남 씨는 1심에서 15년 형이 선고되었으나 항소심에서 징역 7년이 선고되었다. 같은 혐의로 기소된 공인중개사와 중개보조원 등 공범 9명에게도 징역 4~13년의 실형을 선고한 원심을 파기하고 무죄(2명)나 징역형의 집행유예(7명, 징역 8개월~1년 6월/집행유예 2년~3년)를 선고했다. 주범인 건축업자 남 씨(63)는 2021년 3월부터 2022년 7월까지 인천 미추홀구 일대에서 나 홀로 아파트, 빌라 등 공동주택 191채의 전세보증금 148억 원을 가로챈 혐의로 기소됐다.

　항소심 재판부와 대법원에서는 남 씨에 대해 일부 사기 및 공인중개사법 위반은 무죄, 나머지는 유죄를 선고했으며, 공범들도 사기무죄 및 일부 사기유죄, 공인중개사법 무죄, 나머지 유죄를 선고했다.

특히 사기 부분에서는 기존 임대차보증금 상당액 부분과 증액 없이 갱신한 경우 임대차보증금에 대해서 재물편취가 없고, 공소장 변경 없이 이익편취로 인한 사기죄를 인정하지 않았다.

이 과정에서 남 씨의 사기범행 액수 인정액도 기존 148억 원에서 68억 원으로 줄었다. 특히 항소심 재판부는 남 씨 일당이 각자에게 적용된 범행 시점(자금사정이 악화된 때) 이후에 새로 임대차계약을 하거나 보증금을 증액해서 계약한 경우만 전세사기 대상으로 판단했다.

따라서 개업공인중개사들은 임대인의 자금사정 여부, 세금체납 등을 고려해서 전세계약을 해야 사기죄 등에서 벗어날 수 있을 것이다.

(24. 8. 29 항소심. 25. 1. 23 대법원 2024도15455 확정)

국세 지방세 완납증명서를 확인해야 하는 이유
[법정기일]

　임차인 A씨는 2020년 결혼을 앞두고 신혼집으로 한 아파트를 전세계약했다. 공인중개사가 발급받아 확인한 등기사항증명서에는 선순위 권리가 설정되어 있지 않아 별다른 걱정 없이 전세금을 치르고 이사한 뒤 전입신고와 확정일자신고를 마쳤다.
　그런데 입주하고 1년 정도 지났을 무렵, A씨는 거주하고 있는 주택에 공매가 진행된다는 우편을 수령했다. 깜짝 놀라서 등기사항증명서를 다시 확인해보니 세금체납 등으로 압류가 이뤄져 있었는데, 그 날짜가 전입신고일보다 뒤여서 우선 안심했다. 그런데 배당요구를 하며 알아본 결과, 압류는 전입신고일보다 후순위여도 법정기일이 그보다 빨라 배당순위는 A씨보다 앞선다는 이야기를 들었다. 결국 A씨는 전세보증금의 절반 정도만을 배당받고 집을 비워줘야 했다.

　이처럼 전입신고와 확정일자를 받아도 임대인의 세금체납이 우선이면 법정기일보다 임차인의 배당순위가 밀려서 전세보증금을 일부 또는 전액 돌려받지 못하는 경우가 있다. 법정기일은 무엇인지와 전세계약 시 주의할 점에 대해 알아보자.

전세계약을 체결할 때 확인해야 하는 서류에는 등기사항전부증명서만 있는 것이 아니다. 필수적으로 확인해야 하는 서류 중 하나가 임대인의 확정일자 부여현황, 국세납세증명서, 지방세납세증명서다. 등기사항전부증명서상 임차인에게 불리한 권리 등이 없다고 하더라도 반드시 세금 미납이 있는지 확인해야 한다. 만약, 등기사항전부증명서상 세금 체납이 있는 경우 등기사항전부증명서상으로 확인할 수 있는 압류 등의 날짜보다 더욱 중요한 것이 세금이 발생한 날짜인 법정기일이다.

등기사항전부증명서상의 압류가 있는 경우

[갑구]

순위번호	등기목적	접수	등기원인	권리자 및 기타사항
3	압류	2020년2월21일 제1111호	2020년2월11일 압류(세무과)	권리자 국 처분청 화성세무서

출처 : 전세피해 예방을 위한 경기도 전세피해 사례집, 경기도 전세피해지원센터, 2023.

압류의 등기 접수일은 2020년 2월 21일이지만, 실제 이 조세채권이 발생한 날짜는 이보다 1년이나 2년 전(前)일 수 있다.

따라서 이 경우는 내 보증금의 대항력과 우선변제권의 취득 날짜가 압류 접수일인 2020년 2월 21일보다 앞선다고 해도 조세채권보다 배당순위가 뒤일 수 있다. 앞의 사례처럼 대항력을 확보해도 전입신고 날짜가 세금의 법정기일보다 늦어져 경매 배당순위가 밀리는 경우를 방지하기 위해 세금의 법정기일을 꼭 확인해야 한다.

이 같은 사례를 예방하기 위해서는 등기사항전부증명서와 임대인의 국세납세증명서, 지방세납세증명서를 반드시 확인해야 한다.

[참조] 전세피해 예방을 위한 경기도 전세피해 사례집, 62~63page,
경기도 전세피해지원센터, 2023.

법정기일이란?

조세채권이 발생한 날짜로, 국세기본법에서 규정하는 법정기일은 국세채권과 저당권 등에 의해 담보된 채권 간의 우선순위를 결정하는 기준일을 말한다. 법정기일이 중요한 이유는 이를 기준으로 임차인의 대항력 유무와 배당금 순위가 결정되는데, 이처럼 중요한 내용이 등기사항증명서에는 기재되지 않을 수 있기 때문이다. 즉, 근저당권이나 대항력보다 앞선 법정기일이 존재한다면 임차인이나 근저당권자의 법적인 지위가 달라질 수 있다.

전세계약 시 확정일자 부여현황, 국세납세증명서, 지방세납세증명서를 열람할 수 있다는 임차인 권리 설명의무

최근 공인중개사법상 중개의뢰인(임차인)에게 공인중개사법 제25조의3을 설명해야 하나, 미고지해서 구청 부동산과에 민원이 접수되고 있다. 따라서 주택임대차계약을 체결하는 경우 반드시 중개의뢰인(임차인)에게 공인중개사법 제25조의3을 설명해야 한다.

◆ 주택임대차계약 시 공인중개사의 의무 ◆

> **공인중개사법**
> **제25조의3(임대차 중개 시의 설명의무)** 개업공인중개사는 주택의 임대차계약을 체결하려는 중개의뢰인에게 다음 각 호의 사항을 설명해야 한다.
> 1. '주택임대차보호법' 제3조의6제4항에 따라 확정일자 부여기관에 정보제공을 요청할 수 있다는 사항
> 2. '국세징수법' 제109조 제1항·제2항 및 '지방세징수법' 제6조 제1항·제3항에 따라 임대인이 납부하지 아니한 국세 및 지방세의 열람을 신청할 수 있다는 사항
> [신설 2023. 4. 18.][이 법은 공포 후 6개월이 경과한 날부터 시행한다.]

위 공인중개사법 제25조의3을 중개의뢰인(임차인)에게 설명하지 않은 경우 공인중개사는 업무 정지 처분을 받는다.

> **설명의무 위반 시 공인중개사법 제39조 업무 정지**
> ①의 등록관청은 개업공인중개사가 다음 각 호의 어느 하나에 해당하는 경우에는 6개월의 범위 안에서 기간을 정하여 업무의 정지를 명할 수 있다.
> 14. 그 밖에 이 법 또는 이 법에 의한 명령이나 처분을 위반한 경우

국세 및 지방세열람은 임대차계약을 하기 전 또는 임대차계약을 체결하고 임대차기간이 시작되는 날까지 임대인의 동의를 받아 열람할 수 있으나, 계약을 체결한 임차인은 보증금이 1,000만 원을 초과하는 경우 임대차기간이 시작되는 날까지 임대인의 동의 없이 열람 신청을 할 수 있다. 이는 상가임대차인도 마찬가지로 국세, 지방세의 열람이 가능하다.

전입세대열람원 등은 공인중개사법상 설명할 의무는 없으나 중개대상물확인설명서상에 기재하게끔 되어 있으니 임대인에게 전입세대열람원의 서류를 제출할 것을 미리 알려야 한다.

전세계약 시 임대인이 확정일자 부여현황, 국세납세증명서, 지방세납세증명서를 제시할 의무

전세계약 시 임대인은 주택임대차보호법에 의해서 2023년 4월 18일부터 임차인에게 확정일자 부여현황, 국세납세증명서, 지방세납세증명서를 반드시 제시해야 한다. 임대인들은 공인중개사법에 제시의무가 있는 줄로 착각하는데, 주택임대차보호법에 제시의무가 명시되어 있다.

◆ 주택임대차계약 시 임대인의 정보 제시의무 ◆

> **주택임대차보호법**
> **제3조의7(임대인의 정보 제시 의무)** 임대차계약을 체결할 때 임대인은 다음 각 호의 사항을 임차인에게 제시해야 한다.
> 1. 제3조의6제3항에 따른 해당 주택의 확정일자 부여일, 차임 및 보증금 등 정보. 다만, 임대인이 임대차계약을 체결하기 전에 제3조의6제4항에 따라 동의함으로써 이를 갈음할 수 있다.
> 2. '국세징수법' 제108조에 따른 납세증명서 및 '지방세징수법' 제5조 제2항에 따른 납세증명서. 다만, 임대인이 임대차계약을 체결하기 전에 '국세징수법' 제109조 제1항에 따른 미납국세와 체납액의 열람 및 '지방세징수법' 제6조 제1항에 따른 미납지방세의 열람에 각각 동의함으로써 이를 갈음할 수 있다.
> [본조신설 2023. 4. 18.][제3조의7의 개정규정은 공포한 날부터 시행한다.]

임대인이 확정일자 부여현황, 전입세대열람원, 국세납세증명서, 지방세납세증명서를 제출하지 않아, 이를 계약서나 중개대상물 확인설명서에 기재하면 공인중개사의 책임이 없는지 여부

 개업공인중개사는 확인·설명을 위해 필요한 경우에는 중개대상물의 매도의뢰인·임대의뢰인 등에게 해당 중개대상물의 상태에 관한 자료를 요구할 수 있다. 개업공인중개사 및 소속공인중개사는 전문직업인으로서 지녀야 할 품위를 유지하고 신의와 성실로써 공정하게 중개관련 업무를 수행해야 한다.

 또한, 공인중개사가 근저당과 선순위 내역을 설명하면서 '임대인이 서류제출을 거부하고 구두로 설명함'이라고 중개대상물 확인설명서에 기재했더라도 개업공인중개사의 책임을 15%로 하는 판례가 있다.

 따라서 개업공인중개사의 자료 요구에도 불구하고 임대인이 확정일자 부여현황, 전입세대열람원, 국세납세증명서, 지방세납세증명서를 제출하지 않는다면, 계약 전후 주택임대차보호법(최우선변제금, 대항력)과 판례 등을 살펴보고, 계약서와 중개대상물확인설명서에 그 내용을 기재하더라도 임차인의 보증금 회수가 어렵다면 전문인으로서 성실, 공정하게 중개할 기본윤리가 있으므로 계약을 진행하지 말아야 할 것이다.

신탁부동산의
보증금 미반환

　중개보조원 친구의 건물을 여러 건 임대차계약했다. 해당 건물은 신탁등기가 되어 있는 원룸 건물로서 중개보조원 친구의 건물이기에 별다른 의심 없이 임대차계약을 했다. 어느 날 수탁 신탁회사에서 임차인에게 퇴거해달라는 내용증명이 와서 임대인에게 보증금을 반환해달라고 했으나 건물 임대인(위탁자)은 보증금을 반환해줄 수 없다고 한다.

　계약 시 공인중개사는 단지 중개보조원의 친구라는 사실만으로 신탁원부도 확인하지 않고, 신탁회사와 수익자에 대한 동의 없이 임대차계약을 했으며, 보증금을 위탁자에게 지급했다. 신탁부동산에 대한 계약 시 법원 판례는 '공인중개사의 업무 및 부동산거래신고에 관한 법률의 경우 중개업자는 중개를 의뢰받은 경우 중개가 완성되기 전에 중개대상물에 관한 권리를 취득하고자 하는 중개의뢰인에게 당해 중개대상물의 상태, 입지 및 권리관계를 성실·정확하게 설명하고, 토지대장, 등기부등본 등 설명의 근거자료를 제시해야 한다고 규정하고 있으며, 부동산등기법에 의하면 신탁원부는 등기사항증명서의 일부로 보고 그 기재는 등기로 본다고 규정하고 있다'라고 했다. 또한 '따라서 공인중개사들은 이 사건 임대차계약을 중개함에 있어 원고에게 신탁원부를 제시하면서 이 사건의 아파트에 관한 신탁관계 설정사실 및 그 법적인 의미와 효과, 즉 ○○신탁이 이 사건 아파트의 소유자이므로, 이 사건 임대차계약에 대해 ○○신탁의 사전승낙이나 사후승인이 없다면 원고가 이 사건 임대차계약으로 ○○신탁에게 대항할 수 없다는 점을 성실·정확하게 설명했어야 할 의무가 있다'라고 하면서 공인중개사는 이로 인해 발생한 중개사고에 대해 손해배상책임이 있다고 했다(서울고등법원 2010. 7. 14. 선고 2010나8039 판결. 대전지방법원 2016가단202357 판결 참조). 이러한 하급심 판례의 태도에 비춰보면 명의신탁 사실을 임차의뢰인에게 정확하고 성실히 설명하지 않아서 손해를 입게 되었다면, 개업공인중개사는 이를 배상할 책임이 있다.

전국적으로 경매 낙찰, 다가구 건물의 임대인이 채무 등 사정으로 신탁등기를 하는 경우가 많다. 신탁등기된 건물의 계약은 반드시 주의해야 하며, 신탁원부를 발급받아 읽어보고 위탁자와 수탁자 중 누구와 계약을 해야 하는지와 보증금을 누구에게 입금해야 하는지 살펴봐야 한다. 위탁자와 계약 시 수탁자와 수익자의 동의서는 반드시 받아야 하며, 설사 수탁자와 수익자의 동의서를 받았다고 하더라도 위탁자에게 보증금을 지급해도 보증금의 반환책임이 신탁회사에게 없다고 하면, 계약을 진행하지 않는 것이 좋다.

[참조]
1. 대한법률구조공단 상담사례
2. 최신개정 주택상가임대차분쟁 상담사례집, 17page, 이승규, 2021.
3. 2024 강서구 전세피해 사례집, 25~26page, 강서구청, 2024.

신탁부동산
사기 민원사례

공인중개사 A가 신탁 관계가 설정된 부동산의 임대차계약을 중개함에 있어 수탁자(신탁회사)의 사전 승낙 없이 임대 권한이 없는 위탁자(임대인)를 거래당사자(임대인)로 해 다수의 임차인이 재산상의 피해를 입었다는 민원이 접수되어 조사를 실시했고, 현장방문 및 소환조사 결과, 공인중개사 A는 2022. 4.~11. 사이 총 7건(보증금 합계 1억 4,000만 원)의 신탁회사 사전동의 없는 임대차계약을 중개해 임차인들이 전입신고와 확정일자 신청까지 했음에도 법적 보호를 전혀 받지 못해 재산상의 피해가 발생한 사실이 확인되었다.

이에 의정부시는 공인중개사 A에게 금지행위(거짓된 언행 등 판단을 그르치게 하는 행위) 위반으로 수사의뢰 및 업무 정지(6개월), 중개대상물 확인·설명 미비로 과태료(250만 원)를 부과했다.

신탁등기된 물건의 임대차에서는 반드시 수탁자와 수익자의 동의를 받은 후 중개해야 하고, 만기 시 보증금의 반환이 가능한지(반환책임)를 반드시 검토해야 한다.

[참조] 전세사기 의심 공인중개사 3차 특별점검결과 국토교통부 보도자료, 2024. 1. 16.

매매와 동시에 전세계약하는 경우 잔금을 미지급한 매수인과 전세계약을 체결한 임차인의 대항력

매매와 동시에 전세계약을 하는 경우가 종종 있다. 이럴 때 임차인은 매도인과 전세계약하는 것이 유리하며, 매도인은 매수인이 임차인과 전세계약하는 것이 유리하다. 다음 사례는 매수인이 임차인과 전세계약을 했으나 매수인이 잔금을 이행하지 않아 임차인이 매도인에게 건물 명도를 해야 한다는 판례다.

매도인으로부터 임대차계약 권한을 받은 매수인과 매도인의 매매계약이 파기되면, 임차인은 전세계약을 체결할 권한이 없는 자(매수인)와의 사이에 전세계약을 체결한 임차인에 불과하므로 사용수익권을 주장할 수 없고, 명도 청구에 대항할 수도 없다. 따라서 임차인은 매도인과 전세계약을 체결하는 것이 유리하다. 하지만 현실에서는 매매계약파기까지 가는 경우가 거의 없기 때문에 매수인과 계약을 하는 경우도 많다.

1992. 12. 건축주(소외 2)는 원고(매도인)와 301호를 대물변제받기로 약정했다. 1993. 10. 13. 원고(매도인)는 소외 3(매수자)과 1억 원에 매도계약을 체결했고 1993. 11. 12. 소외 3(매수자)의 요청에 따라 건축주,

원고(매도인)의 순차매매계약에 따라 소외 3(매수자)이 전세를 놓아도 이의가 없다는 뜻을 표명하는 한편, 소외 3이 전세와 관련한 모든 책임을 지기로 약정했다. 1993. 12. 12. 소외 3(매수자)에게 1,800만 원을 지급하고, 피고(임차인)는 해당 주택에 입주했다. 12. 15에 확정일자를 받고, 12. 22에 주민등록을 마쳤다.

1994. 1. 20. 건축주는 소유권보존등기를 완료하고 원고에게 소유권이전등기를 완료했다. 1994. 3. 22. 원고는 매매잔금이 지급되지 아니하므로 매매해제통지와 피고에게 주택명도를 요구했다. 1994. 7. 5. 다시 매매계약 해제통보 및 주택명도를 요구했다.

원고(매도자)와 소외 3(매수자) 사이의 매매계약에 부수해서 원고가 위 소외 3에게 이 사건 주택을 전세 놓을 권한을 부여한 것은 위 매매계약의 해제를 해제조건으로 한 것이라고 보여지고, 원고로부터 해제조건부로 전세권한을 부여받은 소외 3이 피고와 사이에 전세계약을 체결한 이 사건에 있어, 원고와 소외 3사이의 매매계약이 해제됨으로써 해제조건이 성취되어 그때부터 소외 3이 이 사건의 주택을 전세 놓을 권한을 상실하게 되었다면, 피고(임차인)는 전세계약을 체결할 권한이 없는 자와의 사이에 전세계약을 체결한 임차인과 마찬가지로 원고에 대한 관계에서 이 사건 주책에 대한 사용수익권을 주장할 수 없게 되어 원고의 이 사건 명도 청구에 대항할 수도 없게 되었다고 할 것이다. 이러한 법리는 피고가 이 사건 주택에 입주하고 주민등록까지 마쳐 주택임대차보호법상의 대항요건을 구비했거나 전세계약서에 확정일자를 부여받았다고 하더라도 마찬가지다.

(대법원 1995. 12. 12. 선고 95다32037)

다가구주택에서 임대인의 선순위 보증금 허위 고지

임차인 A씨는 임대차계약 당시 ○○부동산 중개사무소를 통해 다중주택 전세계약을 체결했다. 등기사항전부증명서에는 근저당설정등기가 있었으나 임대인 B씨는 근저당 말소 예정이니 걱정하지 말라고 했다. 불안했던 A씨는 소속 중개보조원을 통해 '선순위 임차 내역' 공개를 요청했는데, B씨는 이를 거부했고, 부동산 중개보조원은 해당 주택의 임대차계약은 거의 다 월세이기 때문에 A씨가 선순위가 되니 아무 걱정 말라며 안심시켰다.

하지만 A씨뿐만 아니라 대부분 월세라던 해당 주택 19개 호수 모두 전세계약이었고, 보증금을 받지 못해 전 임대인을 고소하게 되었다. 피해를 입은 이들 대부분은 계약 당시에 안내 받았던 선순위 보증금 등의 내용이 실제와 달랐다는 것을 피해를 입은 후에야 알았다.

다중주택, 다가구주택의 경우, 보증금을 반환받지 못해 경매가 개시되면 먼저 입주해서 확정일자를 부여받은 순서에 따라 낙찰액을 배당받는다. 선순위 보증금이 많다면 후순위 임차인은 보증금을 다 돌려받지 못하게 될 가능성이 크다. 그래서 다가구주택에 전세로 입주하는 경우 다가구 선순위 보증금 열람을 통해 현재 주택에 거주하고 있는 선순위자들의 보증금액을 확인하는 것이 중요하다. 다가구주택의 특성상 건물 근저당과 선순위 임차보증금이 존재할 가능성이 크다. 근저당 채권최고액과 선순위 임차보증금의 합이 주택 가격의 100%에서 멀수록 안전하며, 가까울수록 매우 위험하고 보증금을 돌려받지 못할 수 있으므로 주의하기 바란다. 또한 등기사항전부증명서는 위·변조할 가능성이 있어 반드시 본인이 직접 발급받아 확인하는 것이 좋다.

따라서 임차인은 임대인에게 등기사항전부증명서와 확정일자 부여 현황, 전입세대열람원, 국세 및 지방세 납세증명서를 계약 시 꼭 제시하도록 해야 한다. 임대인의 정보제공 진위 여부를 확인하기 위해서 임차인은 해당 내용을 열람 신청할 수 있다.

[참조] 2024 강서구 전세피해 사례집, 21~24page, 강서구청, 일부 내용 수정

개업공인중개사가 다가구주택 계약 시 계약의 중요한 것(선순위보증금, 임대차의 시기와 종기 등)이라면 선량한 관리자로서 신의성실하게 중개할 의무

개업공인중개사는 다가구주택의 계약 시 등기사항전부증명서와 같이 공시된 것만 설명해서는 아니 되고, 직접 조사·확인해서 설명할 의무가 없는 사항이라고 할지라도 중개의뢰인이 계약을 맺을지를 결정하는 데 중요한 것이라면 그에 관해 그릇된 정보를 제공해서는 아니 되며, 그 정보가 진실인 것처럼 그대로 전달해서 중개의뢰인이 이를 믿고 계약을 체결하도록 했다면 선량한 관리자의 주의로 신의를 지켜 성실하게 중개해야 할 의무를 위반한 것이 된다. 따라서 중개대상물 확인·설명서에 임대인이 총액으로 알려준 금액만을 기재했을 뿐 그 내용이 불충분하거나 부정확할 수 있음을 알리는 등으로 다가구주택의 중개업자로서 준수해야 할 선량한 관리자의 주의의무를 다하지 않았고, 임차인으로서는 이러한 사정을 알았다면, 이 사건의 다가구주택을 임차하지 않았거나 적어도 같은 조건으로는 계약을 체결하지 않았을 여지가 크므로 개업공인중개사는 임차인에게 손해를 배상할 책임이 있다.

부동산중개업자와 중개의뢰인의 법률관계는 민법상의 위임관계와 유사하므로 중개의뢰를 받은 중개업자는 선량한 관리자의 주의로 중개대상물의 권리관계 등을 조사·확인해서 중개의뢰인에게 설명할 의무가 있다(대법원 2012. 11. 29. 선고 2012다69654 판결 등 참조). 나아가 직접 조사·확인해서 설명할 의무가 없는 사항이라고 할지라도 중개의뢰인이 계약을 맺을지를 결정하는 데 중요한 것이라면 그에 관해 그릇된 정보를 제공해서는 아니 되고, 그 정보가 진실인 것처럼 그대로 전달해 중개의뢰인이 이를 믿고 계약을 체결하도록 했다면 선량한 관리자의 주의로 신의를 지켜 성실하게 중개해야 할 의무를 위반한 것이 된다(대법원 1999. 5. 14. 선고 98다30667 판결, 대법원 2022. 6. 30. 선고 2022다212594 판결 등 참조). 한편 공인중개사법 제25조 제1항, 제2항, 같은 법 시행령 제21조, 같은 법 시행규칙 제16조에 의해, 중개업자는 다가구주택의 일부에 대한 임대차계약을 중개할 경우 임차의뢰인이 임대차계약이 종료된 후에 임대차보증금을 제대로 반환받을 수 있는지 판단하는 데 필요한 다가구주택의 권리관계 등에 관한 자료를 성실하고 정확하게 제공해야 할 의무를 부담한다. 따라서 중개업자는 임차의뢰인에게 부동산등기사항증명서상에 표시된 중개대상물의 권리관계 등을 확인·설명하는 것에 그쳐서는 아니 되며, 임대의뢰인에게 그 다가구주택 내에 이미 거주해서 살고 있는 다른 임차인의 임대차계약 내역 중 임대차보증금, 임대차의 시기와 종기 등에 관한 자료를 요구해서 이를 확인한 다음 임차의뢰인에게 설명하고, 그 자료를 제시해야 한다. 또한 공인중개사법 시행규칙 서식에 따른 중개대상물 확인·설명서 중 중개목적물에 대한 '실제 권리관계 또는 공시되지 아니한 물건의 권리 사항'란에는 그 내용을 기재해서 교부해야 할 의무가 있으며, 만일 임대의뢰인이 다른 세입자의 임대차보증금, 임대차의 시기와 종기 등에 관한 자료 요구에 불응한 경우에는 그 내용을 위 중개대상물 확인·설명서에 기재해야 할 의무가 있다. 그러므로 중개업자가 고의나 과실로 이러한 의무를 위반해 임차의뢰인에게 재산상의 손해를 발생하게 한 때에는 공인중개사법 제30조에 의해 이를 배상할 책임이 있다.

(대법원 2012. 1. 26. 선고 2011다63857 판결 등 참조)

 피고 1은 공인중개사법에 의한 중개업자로서 이 사건 임대차계약을 중개하면서, 원고에게 당시 이 사건 다가구주택의 부동산 등기사항증명서에 기재된 근저당권에 관해 채권최고액을 고지하고, 실제 피담보채무액을 600,000,000원이라고 설명했으나, 위 주택에 거주하던 다른 임차인의 임대차보증금 액수, 임대차의 시기와 종기 등에 관한 사항을 구체적으로 확인해서 원고에게 설명하거나 그 근거자료를 제시하지 않았다.

 임대차계약 중개 당시 피고 1이 원고에게 교부한 중개대상물 확인·설명서 중 '실제 권리관계 또는 공시되지 않은 물건의 권리 사항'란에는 '임차보증금 총액 : 600,000,000원(임대인 구두 확인)'이라는 기재가 있고, 피고 1은 이 사건 다가구주택의 가액이 1,850,000,000원 상당이므로 선순위 권리의 합계액에 원고의 임대차보증금까지 더하더라도 이를 초과하지 않는다고 설명했다.

 이후 이 사건의 다가구주택에 대해서는 부동산임의경매개시 결정이 이뤄졌으며, 확정일자 부여현황 확인 결과 원고보다 선순위의 임차인들이 갖는 임대차보증금 총액은 600,000,000원을 훨씬 초과하고 있었으며, 위 다가구주택은 감정평가액 1,581,574,800원보다 낮은 1,213,000,000원에 매각되어, 원고는 그 배당절차에서 이 사건 다가구주택의 소액임차인, 근저당권 등에 대한 우선배당 결과 임대차보증금

반환채권에 관해 아무런 배당을 받지 못했다.

다가구주택의 규모와 전체 세대수, 인근 유사 부동산의 임대차보증금 시세에 비춰 임대인이 구두로 확인한 금액이 실제와 다를 수 있고 상당수의 소액임차인이 있을 것임을 충분히 알 수 있었다고 봐야 한다. 그런데도 피고 1은 중개대상물 확인·설명서에 임대인이 총액으로 알려준 금액만을 기재했을 뿐 그 내용이 불충분하거나 부정확할 수 있음을 알리는 등으로 다가구주택의 중개업자로서 준수해야 할 선량한 관리자의 주의의무를 다하지 않았고, 원고로서는 이러한 사정을 알았다면 이 사건 다가구주택을 임차하지 않았거나 적어도 같은 조건으로는 계약을 체결하지 않았을 여지가 크다.

(대법원 2023다259743)

허위의 임대차계약서를 법원 경매에 신청하고 미수에 그쳤더라도 경매 방해죄 성립

경매 절차에서 허위 작성된 부동산 임대차계약서를 첨부한 '권리신고 및 배당요구신청서'를 법원에 제출해서 대항력 있는 임차인인 것처럼 했으나, 경매 절차에서 경매가 기각되어 범행이 미수에 그친 경우라고 하더라도 피고인의 행위가 법률적으로 경매 결과에 영향을 미치거나 경매에 참가하려는 자의 의사결정에 사실상 영향을 미칠 수 있다.

경매 방해죄는 위계 또는 위력 기타의 방법으로 경매의 공정을 해하는 경우에 성립하는 추상적 위험범으로서 결과의 불공정이 현실적으로 나타나는 것을 요하지 아니한다. 여기서 '경매의 공정을 해하는 행위'란 공정한 자유경쟁을 방해할 염려가 있는 상태를 발생시키는 것으로서 가격을 결정하는 데 있어서 뿐 아니라 적법하고 공정한 경쟁방법 자체를 해하는 행위를 포함한다. 법률적으로 경매 결과에 영향을 미칠 수 있는 행위뿐 아니라 경매에 참가하려는 자의 의사결정에 사실상 영향을 미칠 수 있는 행위도 '경매의 공정을 해하는 행위'에 해당할 수 있다(대법원 2006. 6. 9. 선고 2005도8498 판결 등 참조). 따라서 사실심으로서는 이에 해당하는지 여부를 판단하기 위해서 경매 목적물에 대한 객관적 법률관계와 현실적 점유 상태, 경매 절차에서 한 권리신고내역, 현황조사보고서나 매각물건명세서의 기재 내용, 경매 전후로 변동되는 법률관계의 내용, 소멸되거나 인수되는 권리의 유무 및 그러한 권리 외관의 존부 등을 종합적으로 살펴 피고인의 행위가 법률적으로 경매 결과에 영향을 미치거나 경매에 참가하려는 자의 의사결정에 사실상 영향을 미칠 수 있는 것인지 여부를 충실히 심리해야 한다.

(대법원 2022도3103 경매 방해, 사기미수)

1년으로 정한 임대차계약에서 묵시의 갱신을 이유로 2년을 더 주장할 수 있는지 여부

2년 계약이 끝나고 다시 임차인과 임대인이 1년으로 정한 임대차계약에서, 1년이 만료되고 2년 미만의 임대차기간에서 임차인이 묵시의 갱신을 이유로 다시 2년의 임대차기간을 주장해 총 3년의 임대차기간을 주장할 수는 없다. 단지 임차인은 임대차기간이 종료되었음을 이유로 임대차보증금반환채권 등의 권리를 행사할 수 있을 뿐이다.

2년 미만으로 정한 임대차기간의 만료를 주장할 수 있는 것은 임차인 스스로 그 약정 임대차기간이 만료되어 임대차가 종료되었음을 이유로 그 종료에 터 잡은 임차보증금 반환채권 등의 권리를 행사하는 경우에 한정된다 할 것이고(당원 1995. 5. 26. 선고 95다13258 판결, 1995. 10. 12. 선고 95다22283 판결 등 참조), 이 사건과 같이 임차인이 2년 미만의 약정 임대차기간이 만료되고 다시 임대차가 묵시적으로 갱신되었다는 이유로 같은 법 제6조 제1항, 제4조 제1항에 따른 새로운 2년간의 임대차의 존속을 주장하는 경우까지 같은 법이 보장하고 있는 기간보다 짧은 약정 임대차기간을 주장할 수는 없다 할 것이다.

(대법원 1996. 4. 26. 선고 96다5551, 5568)

[자료] 2년 미만의 임대차계약

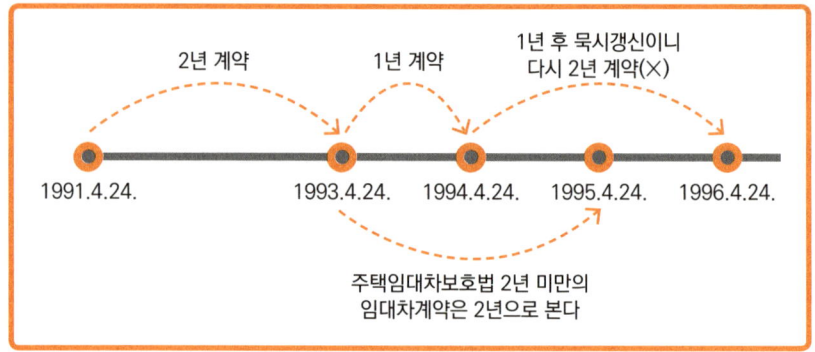

출처 : 저자 제공

계약갱신요구권 행사 후 임차인의 해지권은 묵시의 갱신과 동일

계약갱신요구와 해지는 주택임대차보호법 제6조의3에 규정되어 있다.

> **주택임대차보호법 제6조의3**
> **(계약갱신요구 등)**
> ① 제6조에도 불구하고 임대인은 임차인이 제6조 제1항 전단의 기간 이내에 계약갱신을 요구할 경우 정당한 사유 없이 거절하지 못한다. 다만, 다음 각 호의 어느 하나에 해당하는 경우에는 그러하지 아니하다.
> ④ 제1항에 따라 갱신되는 임대차의 해지에 관해서는 제6조의2를 준용한다.

따라서 계약갱신요구권을 사용한 임차인의 해지는 제6조의2(묵시적 갱신의 경우 계약의 해지)를 준용하는데, 묵시적 갱신 시 해지는 언제든지 임대인에게 해지를 통지하고 3개월 후 효력이 발생하게 되어 있다.

주택임대차보호법

제6조의2(묵시적 갱신의 경우 계약의 해지) ① 제6조 제1항에 따라 계약이 갱신된 경우 같은 조 제2항에도 불구하고 임차인은 언제든지 임대인에게 계약 해지(契約解止)를 통지할 수 있다. 〈개정 2009. 5. 8.〉

② 제1항에 따른 해지는 임대인이 그 통지를 받은 날부터 3개월이 지나면 그 효력이 발생한다.

계약갱신 거절의 사유인 실거주는 임대인이 입증

임차인이 계약갱신요구를 사용하지 못하게 하기 위해 임대인들은 실거주를 이유로 임차인의 계약갱신요구권을 거절하는 경우가 가장 흔하다. 임대인이 실제 거주를 할 테니 계약 만기 시 퇴거해달라고 하며, 임차인이 퇴거하면 일부 임대인들은 매도하거나 재임대를 하는 경우가 많다. 이때 법원에서는 무작정 임대인이 실거주하니 임차인에게 퇴거를 통보했어도 실제 거주하려는 입증책임은 임대인에게 있다고 했다. 따라서 임대인은 무작정 임차인의 퇴거를 통보할 수만은 없다.

임대인(임대인의 직계존속·직계비속을 포함한다. 이하 같다)이 목적 주택에 실제 거주하려는 경우에 해당한다는 점에 대한 증명책임은 임대인에게 있다. '실제 거주하려는 의사'의 존재는 임대인이 단순히 그러한 의사를 표명했다는 사정이 있다고 해서 곧바로 인정될 수는 없지만, 임대인의 내심에 있는 장래에 대한 계획이라는 위 거절사유의 특성을 고려할 때 임대인의 의사가 가공된 것이 아니라 진정하다는 것을 통상적으로 수긍할 수 있을 정도의 사정이 인정된다면 그러한 의사의 존재를 추인할 수 있을 것이다. 이는 임대인의 주거 상황, 임대인이나 그의 가족의 직장이나 학교 등 사회적 환경, 임대인이 실제 거주하려는 의사를 갖게 된 경위, 임대차계약갱신요구 거절 전후 임대인의 사정, 임대인의 실제 거주 의사와 배치·모순되는 언동의 유무, 이러한 언동으로 계약갱신에 대해 형성된 임차인의 정당한 신뢰가 훼손될 여지가 있는지 여부, 임대인이 기존 주거지에서 목적 주택으로 이사하기 위한 준비의 유무 및 내용 등 여러 사정을 종합해서 판단할 수 있다.

아파트에 실제 거주한다는 이유로 피고들의 갱신요구를 거절하려면 그에 대한 증명책임을 부담하므로 실제 거주한다는 의사가 가공된 것이 아니라 진정하다는 것을 통상적으로 수긍할 수 있을 정도의 사정을 주장·증명할 필요가 있다. 그러나 위와 같은 사정을 보면 원고가 드는 사정만으로는 원고나 원고의 부모가 이 사건 아파트에 실제 거주하려는 의사가 가공된 것이 아니라는 것을 통상적으로 수긍할 수 있을 정도라고 인정하기에는 의문의 여지가 있다.

따라서 임대인은 실거주를 이유로 임차인의 계약갱신을 거절하려 할 때 실거주 입증책임이 있다.

(대법원2022다279795)

실거주를 이유로 계약갱신요구를 거절한 판례 1

2020년도 7월 31일부터 임차인의 계약갱신요구권이 생겼고, 2021년에는 갭 투자가 전국적으로 유행했다. 매도인과 갭 투자하는 매수인들은 임차인의 계약갱신요구권이 생기기 전에 매매가 이뤄져야 하므로 계약 만기 6개월 이전에 매매를 했다. 하지만 최근 판례에서는 계약종료 2개월에서 6개월 사이에 임대인이 매도를 한 경우, 매수자가 실제 거주를 한다면 임차인의 계약갱신요구를 거절할 수 있다고 했다.

원고 1 임대인과 피고 임차인은 2019. 4. 15부터 2021. 4. 14까지로 임대차계약을 했다. 원고 1은 2020. 7. 5에 2분의 1 지분을 원고 2에게 넘겨주는 계약을 하며 2020. 10. 30에 소유권이전등기를 마쳤다. 피고는 2020. 7. 31. 개정된 주택임대차보호법 제6조의3에 따라 '2020. 10. 5부터 10. 20까지 4회에 걸쳐 2년 연장해서 거주하고자 계약갱신을 청구한다'라는 취지의 임대차계약갱신요구를 했다. 원고 1은 피고에게 2020. 10. 15. 내용증명으로 '원고 2에게 이 아파트를 매도했고 원고들이 실제 거주해야 되기 때문에 임대차를 갱신할 수 없다'라는 취지의 통지를 했다.

주택임대차법에는 임대인이 목적 주택에 실제 거주하려는 경우 임대인이 갱신을 거절할 수 있다는 사유가 있다. 이런 사유는 임차인이 갱신요구권 행사 후에 발생한 때도 임대인은 위 기간 내라면 갱신거절권을 행사할 수 있다. 여기서 임대인을 임차인이 갱신을 요구할 당시의 임대인만으로 제한해서 해석하기 어렵고, 구 임대인이 갱신거절 기간 내에 실거주 여부를 자유롭게 결정할 수 있다면 그 기간 내에 실거주가 필요한 새로운 임대인(매수자)에게 매각할 수도 있다고 봐야 할 것이다. 따라서 임대인의 지위를 승계한 양수인이 목적 주택에 실제 거주하려는 경우 '실거주를 이유로 계약갱신요구를 거절할 수 있다'라는 주장을 할 수 있다고 할 것이다.

(대법원2021다266631)

실거주를 이유로 계약갱신요구를 거절한 판례 2

　실거주를 이유로 임대인이 임차인의 계약갱신요구를 거절한 후 임차인도 모르게 매도를 한 경우, 임대인의 이런 행위가 불법행위에 해당한다고 봤다.

　원고 임차인은 피고 임대인과 12억 4,000만 원에 임대차계약을 맺고 거주하고 있다. 계약 만료 2개월 전 갱신을 요구했으나 피고는 자신이 직접 거주하겠다며 갱신계약을 거절했다. 원고는 부득이 보증금 13억 원, 월세 150만 원의 조건으로 다른 아파트로 이사를 했으나, 피고가 해당 아파트를 임대차기간 만료 전에 36억 7,000만 원에 매도한 사실을 알게 되었다. 이에 원고는 이사비용 281만 원, 중개수수료 580만 원, 2년간의 월세합계와 늘어난 보증금의 이자 상당액인 3,069만 원 등 총 3,930만 원을 배상하라고 소송을 제기했다.

　주택임대차보호법에는 임대인이 실거주를 이유로 갱신을 거절하고 제3자에게 임대한 경우만 손해를 배상하는 것으로 규정하고 있다. 그러나 법원에서는 주택임대차보호법의 목적인 국민 주거생활의 안정을 보장함을 목적으로 한다는 취지에서 실거주를 이유로 갱신요구를 거절하고 임대하는 경우뿐만 아니라 매도하는 행위도 그 위법성은 동일하다는 점에 비춰 매도행위가 일반불법행위(민법 제750조)에 해당한다고 할 것이다. 따라서 여러 사정을 참작해 그 손해를 2,000만 원으로 인정했다.

(서울중앙지방법원 2022가단5113218)

실거주를 이유로 계약갱신요구를
거절한 판례 3

　실거주를 이유로 임차인의 계약갱신요구를 거절하고, 임차인이 이사를 나가자 매도한 행위는 위법하지 않다고 본 판례, 즉 주택임대차법에 계약갱신거절 후 다른 사람에게 재임대하는 것은 위법하지만, 매도하는 경우 처벌규정이 없으며 매도사유를 폭넓게 인정해줘야 한다고 봤다.

　2023. 6. 18일자 수원지방법원 판결이다. 세입자가 2020. 10월 임대인에게 계약갱신청구권 행사를 통보했다. 임대인은 실거주를 이유로 세입자의 계약갱신을 거절하고 세입자가 이사를 나간 후 임대인이 7개월 정도 거주한 뒤 경제사정이 안 좋아져 매도를 했다. 세입자는 900만 원의 손해배상금을 요구하는 소송 제기했고, 법원은 임대인의 갱신거절 사유에 실거주목적이 있으며 집주인의 주관적, 개인적 사정에 관한 것이라 이를 입증하기 쉽지 않다고 판단해, 집주인의 명백한 거짓이 드러나지 않는 이상 실거주를 이유로 한 집주인의 갱신거절권을 폭넓게 인정하는 판결을 했다.

실거주를 이유로 계약갱신요구를 거절하고 매도한 경우의 상반된 판례

실거주를 이유로 계약갱신요구를 거절하고 매도한 경우, 임대인의 불법행위로 간주한 판결과 임대인의 매도행위 등을 폭넓게 인정해 불법이 아니라고 한 판결이 있으므로 이런 상반된 판결은 결국은 대법원의 최종 결과를 지켜봐야 한다.

주택임대차보호법의 목적이 임차인의 보호라고 했을 때 계약갱신요구에 대한 법 조항을 졸속으로 만든 면이 있고, 임대인의 재산권을 과도하게 보호한 판결임을 감안하면, 임대인이 실거주를 이유로 임차인의 계약갱신요구를 거절한 후 매도하는 행위는 주택임대차보호법의 취지와 맞지 않아 보인다.

> ※ 실거주를 이유로 계약갱신요구 거절 후 다시 임대계약
>   ① 손해배상 판결(확정)
> ※ 실거주를 이유로 계약갱신요구 거절 후 다시 매도
>   ① 임대인의 불법행위로 간주
>   ② 임대인의 매도행위 등을 폭넓게 인정해서 불법이 아니라고 봄
> 따라서 실거주를 이유로 계약갱신요구를 거절한 후 다시 매도하는 상반된 법원 판결은 최종 대법원 판결을 지켜봐야 한다.

임차인이 임대차계약의 갱신을 요구한 후 다시 계약 해지 통지를 한 경우 임대차계약의 종료일이 문제된 사건

요즘 임차인과 임대인 간의 계약 해지가 이슈가 되고 있다. 이때 계약 해지 시점을 언제로 볼 것인가를 놓고 다툼이 발생한다. 최근 이와 관련된 주요한 판례가 있어 소개한다.

임차인이 계약갱신을 요구한 후 새로운 임대차가 개시되기 전에 다시 임대차의 해지를 통보한 경우, 임대인은 새로운 임대차가 개시되는 시점에서 3개월 후 효력을 주장하나 법원에서는 새로운 임대차가 개시되지 않았더라도 임대인에게 해지통지가 도달한 후 3개월 후에 그 효력이 발생한다고 봤다.

주택임대차보호법 제6조의3 제1항은 '임대인은 임차인이 제6조 제1항 전단의 기간 이내에 계약갱신을 요구할 경우 정당한 사유 없이 거절하지 못한다'라며 임차인의 계약갱신요구권을 규정하고, 같은 조 제4항은 '제1항에 따라 갱신되는 임대차의 해지에 관해서는 제6조의2를 준용한다'라고 규정한다. 한편 주택임대차보호법 제6조의2 제1항은 '제6조 제1항에 따라 계약이 갱신된 경우 같은 조 제2항에도 불구하고 임차인은 언제든지 임대인에게 계약 해지를 통지할 수 있다'라고 규정하며, 제2항은 '제1항에 따른 해지는 임대인이 그 통지를 받은 날부터 3개월이 지나면 그 효력이 발생한다'라고 규정한다.

　이러한 주택임대차보호법 규정을 종합해보면, 임차인이 주택임대차보호법 제6조의3 제1항에 따라 임대차계약의 갱신을 요구하면 임대인에게 갱신거절 사유가 존재하지 않는 한 임대인에게 갱신요구가 도달한 때 갱신의 효력이 발생한다. 갱신요구에 따라 임대차계약에 갱신의 효력이 발생한 경우 임차인은 제6조의2 제1항에 따라 언제든지 계약의 해지통지를 할 수 있고, 해지통지 후 3개월이 지나면 그 효력이 발생하며, 이는 계약 해지의 통지가 갱신된 임대차계약 기간이 개시되기 전에 임대인에게 도달했더라도 마찬가지다.

　원고의 갱신요구 통지가 2021. 1. 5. 피고에게 도달함으로써 임대차계약은 갱신되었다. 그 후 원고의 갱신된 임대차계약 해지 취지가 기재된 이 사건 통지가 2021. 1. 29. 피고에게 도달한 바 그로부터 3개월이 지난 2021. 4. 29. 갱신된 임대차계약의 해지 효력이 발생했다. 이 사건 통지가 갱신된 임대차계약 기간이 개시되기 전에 피고에게 도달했다고 해서 갱신된 임대차계약 기간이 개시되기를 기다려 그때부터 3개월이 지나야 이 사건 통지에 따른 해지 효력이 발생하는 것은 아니다. 따라서 원심으로서는 임대차계약의 해지효력이 발생한 2021. 4. 29를 기준으로 미지급 차임 등을 공제하고 남은 임대차보증금 및 장기수선충당금이 있으면 피고가 이를 원고에게 반환하도록 하는 판단을 했어야 한다.

　(대법원 2024. 1. 11. 선고 판결 대법원 2023다258672)

임차인의 계약갱신행사 변경으로 인해 실거주를 하려는 매수인의 계약이행이 곤란해진 경우 잔금지급이행의무

임차인의 계약갱신요구권이나 점유로 인해 매매거래가 불발되는 사례가 많다. 그렇다고 하더라도 반드시 임차인에게 매매에 대한 내용을 통보해줘야 하는 게 공인중개사로서의 기본윤리인 신의성실에 부합한다고 봐야 한다. 계약 시 임차인이 계약갱신요구권를 행사하지 않는다고 해서 실거주하려는 매수인이 매도인과 매매계약을 했다가, 잔금 전에 임차인이 다시 계약갱신요구권을 행사한다고 했을 때, 매도인은 매수인에게 잔금이행을 독촉했으나, 실거주를 하려는 매수인에게는 계약이행이 곤란할 현저한 사정변경이 생겼다고 볼 수 있고, 이로 말미암아 잔금지급의무는 공평과 신의칙에 반하게 되었다고 볼 여지가 있으므로 매수인이 잔금지급이행을 거절한 것은 부당하지 않다고 봤다.

원고(매수인, 실거주)는 피고(매도인)에게 2021. 1. 21. 중도금 1차 2억 5,000만 원, 2021. 4. 5. 중도금 2차 5,000만 원을 지급했다. 잔금일은 2021. 4. 22. 임차인의 보증금 5억 원을 현 상태에서 매수인이 승계한다. 단, 2021. 10. 19. 임대차 만기지만, 실제 명도는 2021. 12. 6으로 한다고 계약했다.

소외 1(임차인)은 계약 당시 공인중개사에게 계약갱신요구권을 행사하지 않겠다고 했지만, 그 후 소외 1이 원고에게 계약갱신요구권행사 여부는 불분명하다고 했으며, 2021. 4. 12. 원고는 피고에게 '잔금일까지 임차인의 명도일자를 마무리하고 책임을 져야 한다'라는 내용증명을 보냈다. 2021. 4. 19. 임차인은 계약갱신요구권을 행사한다고 피고가 원고에게 통보했다.

원고는 '소외 1이 계약갱신요구권을 행사해서 2021. 12. 6. 이 사건 아파트를 인도받을 수 없다면 피고가 이 사건 매매계약에 정한 의무를 이행하지 않는 것이므로, 피고가 그로 인한 손해배상책임이 있다'라는 취지로 답변했다.

2021. 4. 23. 피고는 여러 차례에 걸쳐 원고에게 소유권이전등기에 필요한 서류를 수령해갈 것을 통보하면서 잔금지급의무의 이행을 최고했다.

2021. 5. 3. 피고는 원고에게 공탁사실통지, 2021. 5. 10. 잔금지급을 최고했으며, 2021. 5. 14. 매매해제 의사를 통지했다.

위 계약 체결 무렵 임차인이 임대차계약갱신요구권을 행사하지 않고, 잔금지급 전에 계약갱신요구권을 행사해 2년 더 거주하겠다고 통보 시, 피고의 현실인도의무의 이행이 곤란할 현저한 사정변경이 생겼다고 볼 수 있고, 이로 말미암아 원고의 선이행의무를 이행하게 하는 것이 공평과 신의칙에 반하게 되었다고 볼 여지가 있다. 이와 같은 사정변경은 피고의 해제권 행사 시까지 해소되지 않았다. 따라서 원고의 잔금지급의무의 이행거절이 부당하지는 않다.

(대법원 2023다269139)

가등기 후 증액된
주택임차보증금의 대항력

　甲소유 주택을 전세보증금 4,000만 원에 임차해서 입주와 주민등록 전입신고를 마치고 거주하던 중, 계약기간이 만료되어 보증금 300만 원을 인상해줬다. 그런데 위 보증금 300만 원을 인상하기 1개월 전 위 주택에 대해 乙의 소유권이전청구권가등기가 설정되어 있는 바, 만일 乙이 본등기를 하는 경우 인상된 보증금 300만 원에 대해도 乙에게 대항력을 주장할 수 있을까?

　'주택임대차보호법' 제3조는 '① 임대차는 그 등기가 없는 경우에도 임차인이 주택의 인도와 주민등록을 마친 때는 그다음 날부터 제3자에 대해 효력이 생긴다. 이 경우 전입신고를 한 때에 주민등록이 된 것으로 본다. ④ 임차주택의 양수인(그 밖에 임대할 권리를 승계한 자를 포함한다)은 임대인의 지위를 승계한 것으로 본다'라고 규정하고 있다.
　그러므로 주택임차인은 입주와 주민등록을 마친 때에 대항력을 취득하게 되고, 임대차계약서상 확정일자를 받아두면 그 이후의 모든 권리자보다 우선해서 변제받을 권리를 갖게 되는 것이다. 그런데 위 사안에서와 같이 임차건물에서 거주하던 중 임대차보증금이 인상된 경우 그

인상 전에 설정된 다른 등기권리자와의 관계가 문제될 수 있다.

이에 관해 판례는 '주택임대차보호법의 적용을 받는 임대목적 부동산에 관해 제3자가 가등기를 하고, 그 가등기에 기해 본등기가 마쳐진 경우에 있어서는 임대인과 임차인 사이에 그 가등기 후 그 보증금을 인상하기로 약정했다고 하더라도 그 인상분에 대해서는 그 등기권리자에게 대항하지 못한다 할 것이고, 이와 같은 이치는 그 임대차에 관한 등기가 되었거나 안 되었거나 간에 다 같이 적용된다'라고 했다(대법원 1986. 9. 9. 선고 86다카757 판결).

따라서 乙이 가등기에 기한 본등기를 하게 된다면 인상된 보증금 300만 원에 대해서는 대항력을 주장할 수 없고, 다만 가등기 설정 전에 지급한 보증금 4,000만 원에 대해서는 대항력을 주장할 수 있을 것이다.

[참조] 대한법률구조공단(https://www.klac.or.kr/) 법률상담사례

임대차승계를 원하지 않는 임차인의 계약 해지

 전세계약 중 임대인이 변경되었는데 임대인이 변경되면 전세보증금을 돌려받을 수 있을지 염려되어 임차인은 임대차계약을 통상 해지하려 한다.
 임대인이 변경된 것을 알았을 경우 임대인에게 통보하면 임대차계약 해지가 가능하다. 매매를 하는 경우 매수자는 임대인으로서 임대차계약을 승계하지만, 임차인이 원하지 아니하면 임대차의 승계를 임차인에게 강요할 수는 없다.
 요즘 전세사기 등으로 무능력 임대인으로 변경되는 경우가 많아, 임차인은 임대인이 변경된 경우 이를 근거로 기존 임대인과의 신뢰관계가 회복될 수 없다는 사유로 해지할 수 있다. 따라서 이런 임차인의 중도계약 해지를 방지하기 위해서 공인중개사는 임차인이 있는 경우의 매매 시 반드시 임차인에게 계약 만기까지 거주할지에 대한 동의를 얻을 필요가 있다.

 임대차계약에 있어 임대인의 지위의 양도는 임대인의 의무의 이전을 수반하는 것이지만, 임대인의 의무는 임대인이 누구인가에 의해 이행

방법이 특별히 달라지는 것은 아니고, 목적물의 소유자의 지위에서 거의 완전히 이행할 수 있으며, 임차인의 입장에서 보아도 신 소유자에게 그 의무의 승계를 인정하는 것이 오히려 임차인에게 훨씬 유리할 수도 있으므로 임대인과 신 소유자와의 계약만으로서 그 지위의 양도를 할 수 있다 할 것이나, 이 경우에 임차인이 원하지 아니하면 임대차의 승계를 임차인에게 강요할 수는 없는 것이어서 스스로 임대차를 종료시킬 수 있어야 한다는 공평의 원칙 및 신의성실의 원칙에 따라 임차인이 곧 이의를 제기함으로써 승계되는 임대차관계의 구속을 면할 수 있고, 임대인과의 임대차관계도 해지할 수 있다고 봐야 할 것이다.

(대법원 98마100 1998. 9. 2.)

매수인이 임대차보증금을 인수하면서 매매대금에서 공제한 경우 매도인의 임대차보증금 채무까지 인수한 것으로 보는지 여부

임차인을 끼고 매매하는 경우에 임차인의 보증금을 매수인이 인수하고 매매대금에서 공제한다. 예를 들어 매매가격이 3억 원이고 전세금이 2억 5,000만 원인 경우, 매수인은 매도인에게 전세보증금을 뺀 5,000만 원만 지급하고 소유권을 이전한다.

매수인이 임대차보증금을 인수하면서 매매대금에서 공제한 경우, 매수인의 임대차보증금 채무인수는 임차인의 승낙이 없었다면 면책적으로 인수된 것이 아니며, 묵시적으로 승낙했다고 하더라도 임대차보증금의 회수 여부 등을 종합적으로 고려해야 하기에 매수자에게 인수된 임차인의 보증금은 매도인에게 반환의무가 있다.

원고(임차인)는 2005. 8. 17. 4,500만 원으로 오피스텔을 계약(계약기간 2005. 8. 31. ~ 2006. 8. 30.)했다.

피고(임대인)는 2005. 8. 13. 매매금액 4,500만 원으로 소외 1(신매수인 겸 신임대인)에게 매도했다. 소유권이전등기는 2005. 9. 27. 등기이전을 완료했고, 2005. 10. 5. 소외 1은 채권채고액 6,000만 원을 근저당 설정했다.

원고는 2005. 11. 17. 매매된 사실을 안 상태에서 전입신고 및 확정일자를 받았다.

2006. 2. 16. 임의경매 절차가 개시되고 원고는 배당요구를 했다.

매수인이 매매 목적물에 관한 임대차보증금 반환채무 등을 인수하면서 그 채무액을 매매대금에서 공제하기로 한 경우, 그 채무인수의 법적 성질은 특별한 사정이 없는 이상 매도인을 면책시키는 면책적 채무인수가 아니라 이행인수로 봐야 하며, 면책적 채무인수로 보기 위해서는 이에 대한 임차인의 승낙이 있어야 한다. 이 경우 임차인의 승낙은 반드시 명시적 의사표시에 의해야 하는 것은 아니고 묵시적 의사표시에 의해서도 가능하다고 할 것이나, 임차인이 대항력을 갖추기 전에 소유권이 양도되어 당연히 양수인이 면책적으로 인수한 것으로 볼 수 없는 경우, 임차인의 전입신고, 확정일자 부여, 승계를 안 경우의 행위를 묵시적 승낙의 의사표시에 해당한다고 볼 것인지 여부는 그 행위 당시 임대차보증금의 객관적 회수 가능성 등 제반 사정을 고려해서 신중하게 판단해야 한다. 매매대금과 근저당권 채권최고액을 비교해볼 때 객관적으로 회수 가능성이 의문시되는 상황이고, 원고가 경매 절차에서 배당을 요구했다고 하더라도 이를 보증금 반환채무의 면책적 인수에 대한 묵시적 승낙이나 추인으로 볼 수는 없다.

(대법원 2008다39663. 대법원2012다84370)

개업공인중개사가 임차인의 보증금 채무인수의 법적 성격까지 매도자에게 조사·확인해서 설명할 의무가 있는가

임차인을 끼고 매매하는 경우에 임차인의 보증금을 매수인이 인수하고 매매대금에서 공제할 때, 공인중개사가 부동산을 중개하는 과정에서 채무인수의 법적 성격까지 매도인에게 조사·확인해서 설명할 의무가 있다고 보기 어려우므로, 중개과정에서 그릇된 정보를 전달했다는 등의 특별한 사정이 없는 한, 채무인수의 법적 성격에 관해 조사·확인해서 설명하지 않았다는 사정만으로 선량한 관리자의 주의로 신의를 지켜 성실하게 중개행위를 해야 할 의무를 위반했다고 볼 수 없다.

2018. 11. 20. 원고(임대인)는 피고(임차인)와 2억 원에 해당 부동산에 대한 임대차계약을 체결했다.

2020. 5. 16. 원고는 공인중개사 피고 1의 중개로 소외 1(매수인)과 2억 8,000만 원에 매도했다.

원고는 임대차보증금을 공제한 잔금을 지급받음과 동시에 소외 1에게 소유권이전등기를 마쳤다. 소외 1은 이 사건 임차인에 대해 임대차보증금 채무인수조치를 취하지 않고, 2020. 5. 25. 소외 2에게 2억 5,000만 원의 근저당을, 2020. 5. 29. 소외 3에게 1,200만 원의 근저당권을 각 설정해줬으며, 피고는 2020. 8. 3. 서울보증보험에 보험금을 청구했다. 서울보증보험은 임차인에게 보험금을 지급한 후 원고(임대인)에게 구상권청구 소를 제기했다.

2021. 7. 14. 원고는 서울보증보험에 2억 원을 지급하라는 판결선고 및 확정됐다.

피고 1 공인중개사는 임차인의 동의가 없을 경우 소외 1이 원고의 임대차보증금 반환채무를 면책적으로 인수할 수 없다는 것과 그 대비책에 관한 정확한 설명 없이 매매계약을 중개했다. 이에 원고는 피고 1 공인중개사를 상대로 소를 제기했다.

부동산중개업자와 중개의뢰인과의 법률관계는 민법상 위임관계와 같다. 중개업자의 중개행위는 행위를 알선하는 것으로서, 매매 등 법률행위가 용이하게 성립할 수 있도록 조력하고 주선하는 사실행위에 불과해 변호사법에서 규정한 법률사무와는 구별된다(대법원 2006. 5. 11. 선고 2003두14888 판결 참조). 임대차보증금을 매매대금에서 공제하기로 약정한 경우, 당사자의 의사, 임차인의 대항력을 갖췄는지 여부, 임차인의 명시적 또는 묵시적 동의 여부 등에 따라 채무인수의 법적 성격이 면책적 채무인수, 이행인수 또는 병존적 채무인수 등으로 달라질 수 있으므로, 각 채무인수의 요건에 관한 분석 등을 통해 채무인수의 법적 성격을 가리는 행위는 단순한 사실행위가 아닌 법률사무에 해당한다고 봐야 한다. 따라서 공인중개사가 부동산을 중개하는 과정에서 채무인수의 법적 성격까지 조사·확인해서 설명할 의무가 있다고 보기 어렵다. 또한 채무인수에 대한 그릇된 정보를 제공했다고 볼 만한 정황도 없어 공인중개사법상의 주의의무를 위반해 중개했다고 볼 수 없다.

(대법원 2024. 9. 12. 선고 2024다239364)

[자료] 임차인을 낀 상태에서의 매매 중개과정

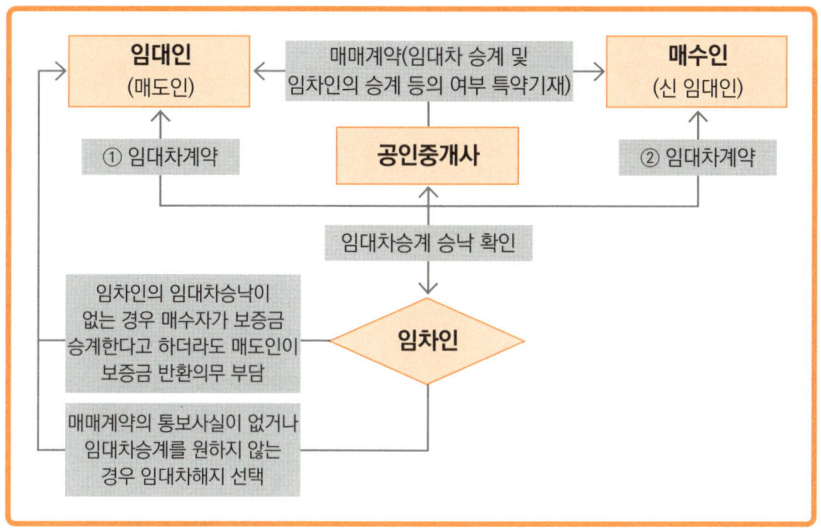

출처 : 저자 제공

전세 끼고 매매 시 임차인의 승낙이 없는 경우, 매수인이 임차인보증금을 인수하고 매매대금에서 공제하더라도, 매도인은 임차인의 보증금반환 채무를 면책시키는 것은 아니라는 판례(대법원2008다39663)
임차인보증금을 매매대금에서 공제한 매매에서 임대인의 임차보증금반환채무가 면책적으로 면제되지 않아 손해를 본 임대인은 이를 중개한 공인중개사를 공인중개사 위반으로 처벌할 수 없다는 판례(대법원2024다239364)

주택 소액임차인의 범위와 기준

　임차인의 수원시 아파트는 보증금 3,000만 원에 월세가 120만 원이다. 근저당권은 2023년 4월 1일로 최초 설정되어 있는데, 이때 소액임차인으로서 최우선변제를 받을 수 있는지 알아보자.

　수원시에서는 임차인의 보증금 1억 4,500만 원 이하까지 최우선 변제를 받을 수 있는 범위에 속하며, 경매 낙찰가의 2분의 1범위 내에서 선순위 근저당보다 앞서 4,800만 원 이하까지 우선해 변제를 받을 수 있다. 이때 기준시점은 최초 근저당권 설정일을 기준으로 한다.
　상가건물임대차에서는 환산보증금(보증금+월세×100)을, 주택은 보증금만을 기준으로 한다.

주택임대차보호법상 중소기업 법인의 직원 범위

　법인과의 계약에서 중소기업 법인의 대표이사나 이사, 직원이 실제 거주하면서 전입신고를 하는 경우가 있다. 이때 임대인들은 2년 계약 후 집값이 상승하면 임차인들의 계약갱신을 거절하면서 퇴거시키는데, 실제 거주자가 직원인 경우 대항력이 발생하지만, 거주자가 대표이사나 이사인 경우도 대항력이 발생하는지에 대한 문의가 많다. 이에 법원에서는 대표이사나 이사는 중소기업 법인의 임원으로 직원 범위에 포함되지 않는다고 본다. 따라서 계약갱신요구권을 행사할 수 없다.

　중소기업기본법 시행령 제2조 제6호는 주식회사 또는 유한회사의 경우 '임원'이란 '등기된 이사(사외이사를 제외한다)'를 말한다고 규정하고 있고, 중소기업기본법 및 위 시행령은 '임원'과 '직원'을 구별해서 사용하며, 나아가 '임직원'이라는 용어도 사용하고 있다. 따라서 이 사건 조항에서 정한 '직원'은 중소기업기본법령의 용례에 따라 법인에서 근무하는 사람 중 대표이사 또는 사내이사로 등기된 사람을 제외한 경우를 의미한다고 보는 것이 법률의 문언 및 법체계에 부합한다.
　피고로부터 이 사건의 주택을 인도받아 주민등록을 마친 소외인은 피고의 대표이사 겸 사내이사의 지위에 있었으므로 이 사건 조항의 요건을 갖추지 못했고, 달리 이 사건 조항의 요건을 갖추었다는 점에 대한 증명이 부족해 피고가 이 사건 조항의 적용대상이 되는 법인에 해당한다고 볼 수 없으므로, 결국 피고는 주택임대차보호법 제6조의3의 계약갱신요구권을 가지지 않는다.

(대법원 2023. 12. 14. 선고 2023다226866)

소액임차인을 보호하기 위한 최우선변제권을 악용한 경우

갑이 아파트를 소유하고 있음에도 공인중개사인 남편의 중개에 따라 근저당권 채권최고액의 합계가 시세를 초과하고 경매가 곧 개시될 것으로 예상되는 아파트를 소액임차인 요건에 맞도록 시세보다 현저히 낮은 임차보증금으로 임차한 다음 당초 임대차계약상 잔금지급기일과 목적물인도기일보다 앞당겨 보증금 잔액을 지급하고 전입신고 후 확정일자를 받았는데, 그 직후 개시된 경매 절차에서 배당을 받지 못하자 배당이의를 한 사안에서, 갑은 소액임차인을 보호하기 위해 경매개시결정 전에만 대항요건을 갖추면 우선변제권을 인정하는 주택임대차보호법을 악용해서 부당한 이득을 취하고자 임대차계약을 체결한 것이므로 주택임대차보호법의 보호대상인 소액임차인에 해당하지 않는다. 임대차계약 체결 직후 경매 절차가 개시된 점 등을 종합하면, 소액임차인을 보호하기 위해 경매개시결정 전에만 대항요건을 갖추면 우선변제권을 인정하는 주택임대차보호법을 악용해서 부당한 이득을 취하고자 임대차계약을 체결한 것으로 봄이 상당하므로 주택임대차보호법상의 보호대상인 소액임차인에 해당하지 않는다.

(대법원 2013. 12. 12. 선고 2013다62223판결)

실제로 거주하는 호실과
등기사항증명서상 호실이 다를 때
공인중개사의 책임

　임차인은 2011년 3월경 개업공인중개사의 중개로 ○○다세대주택 303호를 2년간 임대차했다(보증금 9,500만 원). 개업공인중개사는 현관문에 표시된 대로 303호라고 임대차계약을 중개했고, 임차인은 이를 바탕으로 전입신고 및 확정일자를 303호로 받았지만, 실제 건축물대장과 부동산 등기사항증명서의 장부상 표시는 302호였다. 2013년 3월경 임대차계약을 갱신한 임차인은 같은 해 10월 부동산 등기사항증명서상 303호(현관문 표시로는 302호)인 맞은편 세대의 공매 절차가 진행되면서 부동산의 현황과 장부상 표시가 다르다는 사실을 알게 됐다. 현관문의 표시대로 303호로 확정일자를 받아뒀던 임차인은 부동산 등기사항증명서상 303호에 대한 채권신고를 해서 보증금 9,500만 원을 회수하려 했지만, 실거주자가 아니라는 이유로 거절당했고, 이후 303호는 다른 사람에게 낙찰됐다. 임차인은 자신이 살았던 부동산 등기사항증명서상 302호의 실거주자임을 내세워 보증금을 돌려받으려고 했지만, 이미 그곳에는 채권최고액 65억 원의 선순위 근저당권이 설정되어 있었다. 공인중개사가 임대차계약 당시 조회했던 부동산 등기사항증명서는 303호에 관한 것이었기 때문에 임차인은 이런 사실을 전혀 몰랐다. 보증금을 돌려받을 길이 막힌 임차인은 공인중개사를 상대로 9,500만 원의 손해를 배상하라는 청구 소송을 했다.

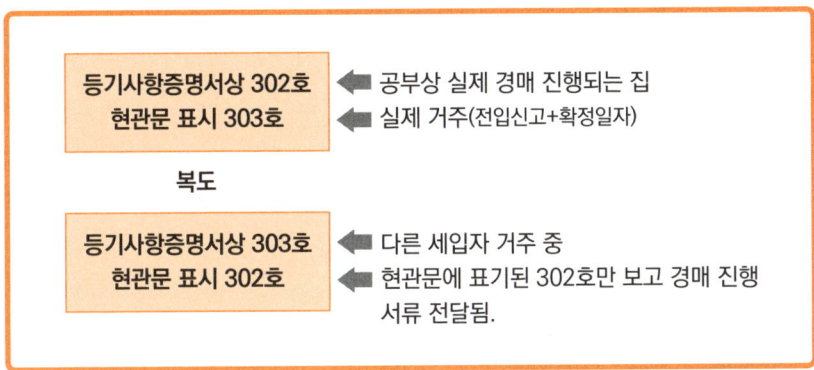

출처 : 저자 제공

 부동산 개업공인중개사와 중개의뢰인의 법률관계는 민법상 위임관계와 같으므로 민법 제681조에 의해 개업공인중개사는 중개의뢰의 본지에 따라 선량한 관리자의 주의로 의뢰받은 중개업무를 처리할 의무가 있을 뿐 아니라, '구 공인중개사의 업무 및 부동산거래신고에 관한 법률(현 공인중개사법)' 제29조 제1항에 의해 신의와 성실로써 공정하게 중개 관련 업무를 수행해야 할 의무가 있다. 또한 동법 제25조 제1항은 중개의뢰를 받은 개업공인중개사는 중개대상물의 권리관계 등을 확인해 중개의뢰인에게 설명할 의무가 있음을 명시하고 있다.

 법원은 '개업공인중개사는 임대차계약을 중개하면서 건축물대장과 부동산 등기사항증명서상의 표시 302호와 현관 등에 부착된 현황상 표시 303호가 다름에도 이를 간과한 채 임대차계약서상 임대차 목적물의 표시를 303호로 기재함으로써 개업공인중개사의 확인설명의무를 제대로 이행하지 못한 과실이 있다'라고 했다. 또한 '이 때문에 중개의뢰인인 임차인이 전입신고 및 확정일자를 303호로 하게 됐고, 그로 인해 부동산 및 공부상의 303호 어느 쪽에도 임대차보증금반환채권의 우선변제권을 갖추지 못했다. 개업공인중개사와 한국공인중개사협회는 임차인이 돌려받지 못한 임대차보증금을 배상할 책임이 있다'라고 판시한 바 있다. 다만, 임차인도 계약 당사자로서 임차 목적물의 현황을 스스로 확인할 필요가 있는 점, 부동산의 현황과 공부상 표시가 뒤바뀌는 일이 흔한 예는 아닌 점 등을 고려해 개업공인중개사와 협회의 책임을 40%로 제한한다. 따라서 개업공인중개사와 한국공인중개사협회는 9,500만 원의 40%인 3,800만 원을 배상할 책임이 있다.

(서울중앙지방법원 2015가단 5003368)

등기사항증명서상 호실을
여러 호실로 만들었을 때
공인중개사의 책임

　임차인은 2012년 3월경 공인중개사로부터 중개를 받아 모 원룸 건물의 309호(46.915㎡)를 1년간 임차했다. 보증금은 7,000만 원이며, 공인중개사는 현관문에 표시된 대로 309호로 임대차계약을 중개했다. 임차인도 309호로 전입신고를 하고 확정일자를 받았다.
　하지만 당시 원룸 건물의 3층 301호는 429.26㎡로서 301호~316호까지 16개의 호실로 나눠서 원룸을 운영하고 있었다. 임차인이 임차한 309호가 사실은 301호의 일부로서 등기사항증명서상에는 301호 단일 호실로만 등재되어 있었다.
　이후, 309호가 포함된 301호는 물론, 원룸 건물 전체가 경매에 넘어갔다. 임차인은 배당기일에서 우선변제권이 있는 확정일자 임차인이 아니라는 이유로 배당을 받지 못했다. 이에 임차인은 공인중개사와 공인중개사협회를 상대로 돌려받지 못한 보증금 5,600만 원에 대한 배상 소송을 제기했다.

　판결에서 중개업자는 중개하는 부동산의 공부와 현황이 일치하는지 여부 등을 조사·확인한 다음 이를 의뢰인에게 고지하고 거래계약서의

등기사항증명서상 301호 (429.26㎡)					
301호	302호	⋯	309호 46.915㎡	⋯	316호

출처 : 저자 제공

　목적물 표시가 최대한 건축물대장이나 등기사항증명서상의 표시와 일치하도록 작성해줘야 할 의무가 있다. 공인중개사는 301호 전체가 16개 호실로 나눠져 있어 소액임차인들이 추가 입주할 가능성이 있고, 주택임대차보호법상 대항력을 갖추기 위해서는 현황상 표시된 방실 호수가 아니라 등기사항증명서상 호수로 전입신고해야 한다는 것을 제대로 설명해주지 않았다. 임대차계약서상에도 등기사항증명서상 호수 301호가 아닌 현황상 호실인 309호로 작성해주는 등 주의의무를 다하지 못했다. 다만, 임차인도 임대차계약 당시 등기사항증명서를 열람해서 309호는 존재하지 않는다는 사실을 알 수 있었기 때문에 일부 과실이 있어 공인중개사와 협회의 책임을 40%로 제한한다.

　따라서 개업공인중개사와 한국공인중개사협회는 5,600만 원의 40%인 2,240만 원을 배상할 책임이 있다.

　(서울중앙지방법원 2016가단 5172544)

보증금이 감액되어 소액임차인이 된 경우 주택임대차보호법이 적용되는지 여부

실제 임대차계약의 주된 목적이 주택을 사용, 수익하려는 것인 이상, 처음 임대차계약을 체결할 당시에는 보증금액이 많아 소액임차인에 해당하지 않았지만, 그 후 새로운 임대차계약에 의해 임대인과의 사이에 정당하게 보증금을 감액해 소액임차인에 해당하게 되었다면, 그 임대차계약이 통정허위표시에 의한 계약이어서 무효라는 등의 특별한 사정이 없는 한 그러한 임차인이 같은 법상 소액임차인으로 보호받을 수 없다고 볼 수는 없다.

(대법원 2008. 5. 15. 선고 2007다23203)

채권회수를 위한 임대차계약의 경우 임차인이 주택임대차보호법상 소액임차인으로 적용되는지 여부

주택임대차보호법의 입법목적은 주거용 건물에 관해서 민법에 대한 특례를 규정함으로써 국민의 주거생활의 안정을 보장하려는 것이고(제1조), 주택임대차보호법 제8조 제1항에서 임차인이 보증금 중 일정액을 다른 담보물권자보다 우선해 변제받을 수 있도록 한 것은 소액임차인의 경우 그 임차보증금이 비록 소액이라고 하더라도 그에게는 큰 재산이므로 적어도 소액임차인의 경우에는 다른 담보권자의 지위를 해하게 되더라도 그 보증금의 회수를 보장하는 것이 타당하다는 사회보장적 고려에서 나온 것으로서 민법의 일반 규정에 대한 예외 규정인 바, 그러한 입법목적과 제도의 취지 등을 고려할 때, 채권자가 채무자 소유의 주택에 관해 채무자와 임대차계약을 체결하고 전입신고를 마친 다음 그곳에 거주했다고 하더라도 실제 임대차계약의 주된 목적이 주택을 사용·수익하려는 것에 있는 것이 아니고, 실제적으로는 소액임차인으로 보호받아 선순위 담보권자에 우선해서 채권을 회수하려는 것에 주된 목적이 있었던 경우에는 그러한 임차인을 주택임대차보호법상 소액임차인으로 보호할 수 없다.

(대법원 2001. 5. 8. 선고 2001다14733 판결)

임대차계약에서 보증금과 월세를 지급했다는 입증책임은 누구에게 있나

코로나19 이후 한동안 임차인들의 월세가 밀린 경우가 많았다. 임대인은 꼼꼼히 월세가 입금되는지를 확인해야 하나, 그렇지 못한 경우도 많다. 이때 임대차계약에서 보증금을 지급했다는 입증책임과 월세를 지급했다는 입증책임은 모두 임차인이 부담한다.

임대차계약에서 보증금을 지급했다는 입증책임은 보증금의 반환을 구하는 임차인이 부담하고, 임대차계약이 성립했다면 임대인에게 임대차계약에 기한 임료 채권이 발생했다고 할 것이므로 임료를 지급했다는 입증책임도 임차인이 부담한다.

(대법원 2001. 8. 24. 선고 2001다28176 판결 참조)

건물의 임차인인 피고가 임대인인 소외인에게 지급한 보증금의 총액이 5,500만 원, 피고가 지급하기로 약정한 임료가 월 200만 원인 사실 및 임대차 개시일인 1996. 7. 5부터 위 건물의 낙찰인인 원고가 임대인(소외인)의 지위를 승계한 1999. 9. 2 전까지 피고가 소외인에게 지급한 임료가 합계 1,445만 원인 사실을 각각 인정하고, 피고가 지급한 보증금이 위 5,500만 원을 초과해 1억 7,000만 원에 달한다는 피고의 주장에 대해 이를 인정할 증거가 없다는 이유로 배척하고 나서, 위 기간인 37개월 27일에 해당하는 임료가 7,580만 원이므로 보증금에서 공제되어야 할 연체 임료가 6,135만 원(7,580만 원-1,445만 원)이 되어 보증금 5,500만 원을 초과하게 되므로 위 1999. 9. 2. 현재 소외인이 피고에게 반환할 보증금이 남지 아니하게 되었다고 판단하는 바, 위에서 본 법리에다가 기록에 의해 살펴보면, 원심의 위와 같은 사실 인정과 판단은 모두 수긍하지 못할 바 아니고, 거기에 상고 이유의 주장과 같은 채증법칙을 위배하거나 입증책임의 소재에 관한 법리를 오해한 위법이 있다고 할 수 없다.

(대법원 2004다19647)

분실 및 도난 시 임대인의 책임 여부

임대인의 임차인에 대한 의무는 특별한 사정이 없는 한 단순히 임차인에게 임대목적물을 제공해 임차인으로 하여금 이를 사용·수익하게 함에 그치는 것이고, 더 나아가 임차인의 안전을 배려해주거나 도난을 방지하는 등의 보호의무까지 부담한다고 볼 수 없을 뿐만 아니라, 임대인이 임차인에게 임대목적물을 제공해서 그 의무를 이행한 경우 임대목적물은 임차인의 지배 아래 놓이게 되어 그 이후에는 임차인의 관리 하에 임대목적물의 사용·수익이 이뤄지는 것이다.

임차인인 원고는 이 사건의 임대차계약의 체결 당시 임차목적물이 대로변 3층 건물의 반지하에 위치한 관계로 주위의 담장이 낮고 별도의 대문도 없으며 방범창이 설치되지 아니하고 차면시설이 불량했던 사정을 잘 알면서도 이를 임차했고, 나아가 임대인인 피고는 임차목적물에서 발생한 원고 주장의 1차 도난사건 직후 임차목적물에 방범창을 설치해줬음을 알 수 있는 바, 사정이 이러하다면, 임대인인 피고로서는 임차목적물을 사용·수익하게 할 임대인으로서의 의무를 다했다고 할 것이고, 여기에서 더 나아가 원심 판시와 같은 임차인에 대한 안전배려

의무까지 부담한다고 볼 수는 없다.

(대법원 1999. 7. 9. 선고 99다10004 판결)

전세권인 임대차에서의 수선의무

임대인은 임차인인 법인과는 전세권을 설정한 상태다. 임차인이 보일러 고장에 대한 수리를 요구할 경우 임대인이 수리해줘야 하는지 알아보자.

일반 임대차가 아닌 전세권이 설정되어 있으면 임대인의 수선의무는 없다. 전세권자인 임차인이 보일러의 수선의무를 가진다.

보통의 임대차(전세, 월세)에서는 임대인이 임대목적물의 사용, 수익에 필요한 상태를 유지해야 할 수선의무를 가진다. 그러나 전세권이 설정된 경우의 임대차에서는 '민법 제309조(전세권자의 유지, 수선의무)에서 전세권자는 목적물의 현상을 유지하고 그 통상의 관리에 속한 수선을 해야 한다'라고 되어 있기에 임차인이 수선의무를 가진다.

전세권자는 전세금을 지급하고 타인의 부동산을 점유해 그 부동산의 용도에 좇아 사용·수익하며, 그 부동산 전부에 대해 후순위권리자 기타 채권자보다 전세금의 우선변제를 받을 권리가 있다(민법 제303조).

위반건축물의 매수 시
취득세를 설명하지 않은 경우

　상가주택 중 주택의 상당부분이 위반건축물로 건축물대장에 기재되어 있었고 매수인도 위반내용을 인지하고 있었으나, 계약서와 중개대상물확인설명서에 위반내용을 기재하고 취득세 부분은 일반 주택세율로 기재했다.
　이후 매수인이 위반건축면적의 취득세는 일반 주택세율이 아닌 일반건축물의 취득세율(교육세, 농어촌특별세별도)이기에, 추가되는 취득세 부분에 대해서 공인중개사의 설명이 없었다며 손해배상을 요구했다.

　공인중개사법 제25조의 시행령 제21조(중개대상물의 확인·설명)1항 ⑨ 중개대상물에 대한 권리를 취득함에 따라 부담해야 할 조세의 종류 및 세율을 설명해야 한다. 따라서 취득 시 부담해야 할 조세의 종류와 세율을 설명하지 않은 공인중개사는 행정처분과 별도로 손해배상책임도 부담해야 한다.

다가구주택 호(가구)별 면적확인방법 및 표시광고위반사례

최근에 다가구의 호실 면적을 잘못 기재해 공인중개사법 제18조의2에 의한 표시광고위반 과태료처분이 다수 발생하고 있다. 다가구를 광고할 시 면적을 기재하는 방법의 실수로 인한 과태료 처분이 발생되고 있는데 이에 대해 자세히 알아보자.

건축물대장상 다가구주택은 가구 수와 층 전체의 면적만 기재되어 있다. 하지만 2018년 12월 4일 '건축물대장 기재 및 관리에 관한 규칙'이 일부 시행되면서 단독주택으로 분류된 다가구주택의 경우 '호실별 면적대장'을 기재해야 한다.

> **건축물대장 기재 및 관리에 관한 규칙 제5조**
> ⑤ 건축물이 다가구주택인 경우에는 다가구주택의 호(가구)별 면적대장을 작성해야 한다(2018. 12. 4. 시행).

다가구주택을 공인중개사법 제18조의2에 따라 중개대상물을 표시광고하는 경우

① 2018년 12월 4일 이전에 건축된 다가구주택은 면적을 실측하거나 건축도면을 보고 면적을 산출해야 한다(단, 이전에 건축된 다가구주택이라도 건축주가 별도 신청이 가능하므로 반드시 건축물대장을 먼저 확인할 필요가 있음).

② 2018년 12월 4일부터 신축된 다가구주택의 경우 '호(가구)별 면적대장'상의 면적을 기재해야 한다(경기도 부동산포털 같은 사이트에서는 호(가구)별 면적대장을 확인 할 수 없으니 반드시 건축물대장을 확인 가능한 정부24를 이용해야 함).

<건축물대장 발급(열람)시 '호(가구)별 면적대장' 확인방법>

① 정부24 등 건축물대장 발급 가능한 사이트 접속
② 건축물대장 발급 또는 열람 후 해당 지번 기입

출처 : 정부24(www.gov.kr) 건축물대장 열람 및 발급(이하 동일)

③ 다가구주택 면적을 선택

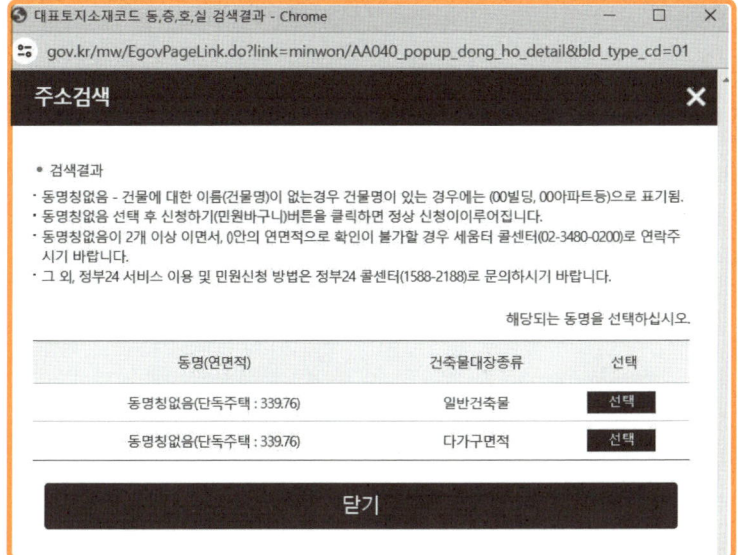

④ 문서 발급 또는 열람

⑤ 층별 호(가구)별 면적대장에 전용면적 확인 가능

다가구주택의 호(가구)별 면적대장에 기재된 호수가 아닌 다른 호수를 기재하는 경우, 동사무소에서는 전입신고를 불허할 수 있다. 따라서 호(가구)별 면적대장이 있는 다가구주택은 반드시 해당 호수로만 전입신고를 해야 한다.

묵시적으로 계약이 연장된 후 임대인의 요구로 다시 작성된 계약에서 임차인의 해지권 포기 여부

계약이 묵시적으로 연장되어 새로운 2년 계약이 다시 시작되었다. 그러나 임대인이 임차인에게 새로운 2년 계약서 작성을 요구해서 임차인의 해지권을 부정하는 경우(특약에 계약갱신청구에 의한 재계약이라 기재됨)라도 임차인은 묵시의 갱신으로 인해 언제든 해지권을 주장할 수 있다.

신규 임대차계약은 임차인인 원고가 묵시적으로 갱신된 기존 임대차에 관한 임의해지권을 가진 상태에서 체결된 것으로, 임대차기간의 날짜 외에는 계약 내용에 특별한 변동(원고의 임의해지권 제한 등)을 추단할 만한 내용이 없고, 특약사항란에도 '계약갱신청구에 의한 재계약'임이 명시되어 있다. 신규 임대차계약을 새로운 계약으로 보아 원고의 임의해지권을 부정하는 것은 법정갱신의 경우보다 2개월여 더 길게 임차할 수 있게 되는 대신, 같은 기간 동안 임대차보증금을 돌려받지 못하게 되고 중도의 임의해지권까지 잃게 되는 것이다. 이러한 신규 임대차계약서의 작성 경위와 내용, 당사자 간 형평 및 추정적 의사, 임차인을 두텁게 보호하는 주택임대차보호법의 취지 등을 종합하면, 원고와 피고는 기존 임대차가 (묵시적으로) 갱신됨에 따라 임대차기간이 연장되었음을 확인하고 이를 서면으로 명확히 하기 위해 신규 계약서를 작성한 것으로 보일 뿐, 기존의 임의해지권을 포기·상실시키려는 의사로 이를 약정했다고 보기 어렵다.

(서울고등법원 2023나2016548 임대차보증금반환)

경매를 받은 양수인이 임차인의 밀린 월세, 관리비 등을 보증금에서 공제해도 되는지 여부

경매를 받은 양수인 등 새로운 소유자는 소유권 취득 이후부터의 임차인의 밀린 월세, 관리비 등을 임차인보증금에서 당연히 공제할 수 있을 뿐만 아니라, 계약종료 시 임대보증금을 정산할 때 양수하기 이전의 밀린 월세, 관리비 등도 특별한 약정이 없다면 임차인의 보증금에서 공제할 수 있다.

임차건물의 소유권이 이전되기 전에 이미 발생한 연체 차임이나 관리비 등은 별도의 채권양도절차가 없는 한 원칙적으로 양수인에게 이전되지 않고 임대인만이 임차인에게 청구할 수 있다고 봐야 한다. 차임이나 관리비 등은 임차건물을 사용한 대가로서 임차인에게 임차건물을 사용하도록 할 당시의 소유자 등 처분권한이 있는 자에게 귀속된다고 볼 수 있기 때문이다.

임대차계약에서 임대차보증금은 임대차계약종료 후 목적물을 임대인에게 명도할 때까지 발생하는, 임대차에 따른 임차인의 모든 채무를 담보한다. 따라서 이러한 채무는 임대차관계종료 후 목적물이 반환될 때 특별한 사정이 없는 한 별도의 의사표시 없이 보증금에서 당연히 공제된다(대법원 2005. 9. 28. 선고 2005다8323, 8330 판결 참조).

　임차건물의 양수인이 건물 소유권을 취득한 후 임대차관계가 종료되어 임차인에게 임대차보증금을 반환해야 하는 경우에 임대인의 지위를 승계하기 전까지 발생한 연체차임이나 관리비 등이 있으면 이는 특별한 사정이 없는 한 임대차보증금에서 당연히 공제된다고 봐야 한다. 일반적으로 임차건물의 양도 시에 연체차임이나 관리비 등이 남아 있더라도 나중에 임대차관계가 종료되는 경우 임대차보증금에서 이를 공제하겠다는 것이 당사자들의 의사나 거래관념에 부합하기 때문이다.

　(대법원 2016다218874)

하자담보책임에 대한 판례 1

탑층 아파트를 매수한 후 옥상에 야외 물놀이장을 만들기 위해 공사를 하던 중 누수 하자가 발생될 때, 매도인의 책임을 묻기란 쉽지 않다. 잔금 후 6개월 이내에는 매도자가 하자담보책임을 진다고 착각하는 경우도 많고, 잔금 후 발생하는 하자에서 매수자가 선의무과실이면 무조건 매도자에게 하자담보책임을 물을 수 있는 것도 아니다.

원고의 남편, 어머니와 공인중개사의 직원과 함께 해당 아파트를 3차례 방문해서 내부와 외부를 수차례 꼼꼼히 둘러 봤다. 원고는 옥상 테라스 바닥에 깔아둔 나무판 중 일부가 젖어 썩어가고 있다는 설명을 들었다. 해당 아파트 내부에서 계단을 통해 올라갈 수 있는 다락방이 설치되어 있고 다락방에서 외부 문을 열고 나가면 옥상 테라스가 있다. 2013. 5. 26. 원고는 공인중개사와 ○○동 ○○호 탑층을 3억 1,000만 원에 매수하기로 매매계약을 체결했다. 매매계약 체결 당시 공인중개사는 벽면에 관해 균열이나 누수가 없고 도배상태는 보통이라는 내용 등이 기재된 중개대상물 확인설명서에 서명날인했다. 계약서 특약에 '기본 및 현 시설물 상태에서 매매한다'라고 기재되었고, 2013년 6

월경 인테리어 업체와 방문해 견적 의뢰를 받고 그 당시 누수로 인한 보수가 필요한 부분을 발견하지 못했다. 2013. 6. 28 소유권이전등기를 경료하고, 원고는 해당 아파트 옥상 테라스에 야외물놀이장을 설치하면서 아파트 수도배관을 개조해 테라스와 연결했다. 2014년 3월 감정보고서에는 누수원인이 존재하며 옥상방수불량이라고 기재되었지만 구체적인 발생시기는 알 수 없다고 기재되어 있다. 원고가 실시한 야외물놀이장 설치공사가 누수현상을 악화시켰을 가능성도 엿보이는 점 등을 종합해보면, 매매계약 당시 이 사건 아파트에 거래통념상 기대되는 객관적 성질, 성능을 결여하거나 당사자가 예정 또는 보증한 성질을 결여하고 있다고 볼 만한 정도의 하자가 존재했다고는 보기 어렵고 달리 이를 인정할 만한 증거가 없다. 그렇다면 원고의 청구는 이유 없이 이를 기각하기로 한다.

(의정부지방법원 2015나3458)

하자담보책임에 대한 판례 2

윗집에서 누수가 발생하면 보통은 화장실이거나 거실인 경우 천장을 확인해야 한다. 천장이 벽으로 가려져 있는 경우는 구멍을 내서 물이 어디서 벽을 타고 흘러들어오는지 확인해 윗집과 조치를 하면 된다. 문제는 매수를 한 후에 누수로 인한 하자일 경우 증인과 증거를 찾아야 손해배상책임을 물을 수 있다. 다음 사례처럼 매수 후 2달 만에 누수가 발행했다는 이유만으로는 매도인에게 하자담보책임을 물을 수가 없다.

2019년 6월 매매계약 후 8월에 소유권이전등기를 마치고, 10월부터 누수현상이 나타나 아래층에 있던 주민이 피해를 입자 누수원인 탐지와 보수공사를 실시했다. 12월에 또 누수가 발생하자 2020년 1월 아파트 욕실 전체를 재시공하는 보수공사와 아래층 세대에 대한 피해복구 공사를 진행했다. 이후 매수자는 매도인을 상대로 하자담보책임으로 인한 손해배상비용 1,600만 원을 지급하라고 소송했다.

매도인의 하자담보책임에서 하자의 존부는 매매계약 성립 시를 기준으로 판단하는 것이 원칙(토지를 중개하는 경우 행위제한이나 건축 가능한 건물종류 등)이지만 매매계약과 이행완료 시점이 상당 기간 떨어져 있는 경우에는 이행완료 시를 기준으로 판단해야 한다. 매수인 등이 주장하는 사정만으로는 매매계약 성립 또는 소유권 변동 당시를 기준으로 거래통념상 기대되는 객관적 성질을 결여한 하자가 존재했다고 인정하기 어렵다. 해당 아파트는 사용승인 이후 약 14년이 지났고, 건물 노후화에 따라 단지 내 다른 아파트에서도 누수가 발생하고 있다. 건축물의 내부적 원인에 따른 누수는 그 특성상 내부의 배관이나 욕실 벽체 등에 누수 원인이 현실화해 존재하고 있으면 바로 나타날 수밖에 없는 현상이다. 2018년 처음 누수가 발생했지만, 탐지 결과 그 원인으로 밝혀진 보일러를 교체한 이후 매매계약 당시까지는 물론, 2019년 10월까지도 누수 현상이 발생하지 않았다. 매수인이 2차례나 해당 아파트를 방문해 상태를 확인했을 때도 누수 현상은 발견되지 않았고, 매매계약이 성립된 때로부터 4개월, 소유권 변동일로부터 2개월이 지난 시점에 누수가 발생했으므로 2019년 10월 이후의 누수는 아파트의 노후화에 따라 그 무렵 누수원인이 현실화하면서 발생한 현상이고, 매매계약 당시 또는 소유권 변동 시 이미 누수 원인인 하자가 현실화해 존재하고 있다가 뒤늦게 발현됐다고 보기는 어려우므로 매도인에게 책임을 물을 수 없다.

(서울중앙지방법원 2020가단 5093655)

위반건축물의 고지 및 설명의무

화성시나 평택시에는 방 쪼개기, 베란다 확장 등 많은 위법 다가구건물이 있다. 건축물대장에 위반건축물이라고 기재되어 있는 건물도 있고, 건축물대장에는 위반건축물이라는 표기는 없지만 실제로 위반건축물인 경우도 많다. 매매할 때 단지 위반건축물이라고 매수인에게 고지만 하면 되는 것인지 알아보자.

매수인이 무단 증축된 부분이 있다는 점을 인식하고 있었더라도 공인중개사는 부동산의 매수에 따라 장차 매수자에게 부과될 수 있는 행정상, 소유 시, 처분 시 불이익에 관해 관할관청이나 법률전문가에게 문의하는 등 정확한 정보를 고지할 업무상 주의의무가 있다. '일부세대에 무단 증축된 부분이 있다고 고지했으나 일정기간 이행강제금을 내면 한시적으로 양성화된 사례가 있다는 정도의 설명만을 함으로써, 중개행위를 함에 있어서 필요한 설명의무를 다하지 못했다면 그에 따른 손해를 배상해야 한다'라는 판례가 있다.

(서울고법 2012나44596)

또한, 최근 이행강제금의 횟수와 금액이 상향되었기에 위반건축물 중개 시 주의해야 한다.

CHAPTER 02

상가임대차보호법

상가건물 임대차보호법상 소액임차인의 범위

　경기도 평택시에서 단지 내 상가를 임차하는 경우, 보증금은 3,000만 원이며 월세는 130만 원이다. 이때 상가건물 임대차보호법상 소액임차인에 해당되는지 여부를 알아보자. 우선 등기사항전부증명서상에 대출금은 없다.

　평택시에서는 상가건물 임대차보호법의 적용을 받으려면 환산보증금(보증금+월세×100)이 3억 7,000만 원 이하여야 하는데 해당 물건은 3,000만 원+130만 원×100으로 1억 6,000만 원으로 적용받는다. 하지만 임차인의 보증금도 환산보증금 범위 3,000만 원 이하여야 하는데 해당 물건은 1억 6,000만 원이므로 소액임차인의 범위에 해당하지 않는다. 따라서 해당 임차인은 소액임차인에 해당하지 않아서 최우선변제금을 받을 수 없다.

[표] 상가임대차보호법상 환산보증금 범위와 소액임차인 범위. 기준시점은 근저당 최초 설정일

기준 시점	지역	적용 범위 (환산보증금 적용)	임차인 보증금 (환산보증금 적용)	보증금 중 일정액의 범위
2019. 4. 2.~	그 밖의 지역	3억 7,000만 원 이하	3,000만 원 이하	1,000만 원

여러 개의 상가 구분점포를 임차하는 경우 대항력

여러 개의 구분점포를 임차하는 경우 대항력은 어떻게 되는지 알아보자.

① 임대인과 임차인이 같고, 단지 여러 개의 점포를 하나의 계약으로 체결한 경우, 각각의 점포에 대한 계약이 아니라, 전체를 하나의 계약으로 봐야 한다. 전체 보증금과 월세를 합한 금액이 환산보증금을 초과했다면, 이는 법 적용대상이 되지 않는다.
(대법원 2015. 10. 29. 선고 2013다27152)

② 임대인이 여러 명이고 호실도 여러 호실이지만, 임차인은 1명인 경우, 임대차계약별로 해당하는 양 당사자의 범위가 다르므로 각각의 계약으로 보는 것이 타당하다. 따라서 각각의 계약에 따라 환산보증금을 계산해 상가임대차보호법 적용 여부를 판단하면 된다.

상가의 원상복구 판결 1

　전 임차인이 무도유흥음식점으로 경영하던 점포를 임차인이 소유자로부터 임차해서 내부시설을 개조·단장했다면 임차인에게 임대차 종료로 인해 목적물을 원상회복해 반환할 의무가 있다고 해도 별도의 약정이 없는 한 그것은 임차인이 개조한 범위 내의 것으로서 임차인이 그가 임차 받았을 때의 상태로 반환하면 되는 것이지 그 이전의 사람이 시설한 것까지 원상회복할 의무가 있다고 할 수는 없다.

　또한 임차인에게 임대차 종료로 인한 원상회복의무가 있는데도 이를 지체한 경우 이로 인해 임대인이 입은 손해는 이행지체일로부터 임대인이 실제로 자신의 비용으로 원상회복을 완료한 날까지의 임대료 상당액이 아니라 임대인 스스로 원상회복을 할 수 있었던 기간까지의 임대료 상당액이다.

　(대법원 1990. 10. 30. 선고 90다카12035 판결)

상가의 원상복구 판결 2

 임차인이 임대인에게 임차목적물을 반환하는 때는 원상회복의무가 있다(민법 제654조, 제615조). 임차인이 임차목적물을 수리하거나 변경한 때는 원칙적으로 수리·변경 부분을 철거해 임대 당시의 상태로 사용할 수 있도록 해야 한다. 다만 원상회복의무의 내용과 범위는 임대차계약의 체결 경위와 내용, 임대 당시 목적물의 상태, 임차인이 수리하거나 변경한 내용 등을 고려해서 구체적·개별적으로 정해야 한다.

 갑 주식회사가 점포를 임차해 커피전문점 영업에 필요한 시설 설치 공사를 하고 프랜차이즈 커피전문점을 운영했고, 을이 이전 임차인으로부터 위 커피전문점 영업을 양수하고 병 주식회사로부터 점포를 임차해서 커피전문점을 운영했다. 그런데 임대차 종료 시 을이 인테리어 시설 등을 철거하지 않자 병 회사가 비용을 들여 철거하고 반환할 보증금에서 시설물 철거비용을 공제했다. 이 사안에서, 임대차계약서에서는 임대차 종료 시 을의 원상회복의무를 정하고 있으므로 병 회사가 철거한 시설물이 점포에 부합되었다고 할지라도 임대차계약의 해석상 을이 원상회복의무를 부담하지 않는다고 보기 어렵고, 병 회사가 철거한 시설은 프랜차이즈 커피전문점의 운영을 위해 설치된 것으로서 점포를 그 밖의 용도로 사용할 경우에는 불필요한 시설이며, 을이 비용상환 청구권을 포기했다고 해서 병 회사가 위와 같이 한정된 목적으로만 사용할 수 있는 시설의 원상회복의무를 면제해줬다고 보기 어려우므로, 병 회사가 비용을 들여 철거한 시설물이 을의 전 임차인이 설치한 것이라고 해도 을이 철거해 원상회복할 의무가 있다고 보아 병 회사가 을에게 반환할 보증금에서 병 회사가 지출한 시설물 철거비용이 공제되어야 한다.

(대법원 2019. 8. 30. 선고 2017다268142 판결)

상가의 장기수선충당금은 누가 부담해야 하나요?

집합건물 구분상가의 소유주가 상가임대차계약을 다음 주에 종료하고 정산하기로 했다. 임차인이 임대차기간에 부담했던 장기수선충당금을 반환 요청할 경우 임대인이 부담해야 하는지 알아보자.

장기수선충당금은 건물의 주요 시설 교체 및 보수 등에 필요한 비용으로 지출한다.

1. 공동주택은 소유자가 장기수선충당금을 부담하도록 공동주택관리법으로 규정하고 있고,
2. 공동주택을 제외한 상가 등 집합건물에 적용하는 '집합건물의 소유 및 관리에 관한 법률'에서도 장기수선충당금(수선적립금)에 대해서 다음과 같이 규정하고 있다.

> **집합건물의 소유 및 관리에 관한 법률 시행령**
> **제5조의4(수선적립금의 징수 · 적립)** ① 관리단은 법 제17조의2제2항 본문에 따라 수선적립금을 징수하려는 경우 관리비와 구분하여 징수해야 한다.
> ② 수선적립금은 법 제28조에 따른 규약(이하 '규약'이라 한다)이나 관리단집회의 결의로 달리 정한 바가 없으면 법 제12조에 따른 구분소유자의 지분 비율에 따라 산출하여 징수하고, 관리단이 존속하는 동안 매달 적립한다. 이 경우 분양되지 않은 전유부분의 면적 비율에 따라 산출한 수선적립금 부담분은 분양자가 부담한다.
> ③ 수선적립금의 예치방법에 관해 규약이나 관리단집회의 결의로 달리 정한 바가 없으면 '은행법' 제2조 제1항 제2호에 따른 은행 또는 우체국에 관리단의 명의로 계좌를 개설해 예치해야 한다.
> ④ 구분소유자는 수선적립금을 법 제5조 제4항에 따른 점유자(이하 '점유자'라 한다)가 대신해 납부한 경우에는 그 금액을 점유자에게 지급해야 한다.[본조신설 2021. 2. 2.]

즉, 건물의 주요 구성부분에 대한 대수선, 기본적 설비 부분의 교체 등과 같이 대규모의 수선은 임대인이 그 수선의무를 부담한다.

그러므로 임대인과 임차인이 장기수선충당금에 대한 부담주체를 별도로 약정하는 등의 별다른 사유가 없고, 장기수선충당금의 사용 용도가 건물의 기본적 설비부분 등이라면 임대인이 부담해야 할 것이다.

[참조] 상가임대차 상담사례집, 99page, 서울특별시, 2019. 2.

건물에 같은 업종의 임차인이 추가로 입점하는 경우

　동일 임대인 소유의 단독 건물에 임대차계약을 맺고 입점한 임차인이 있다. 하지만 얼마 후 같은 업종의 또 다른 임차인이 임대차계약을 맺고 입점해서 들어오는 경우, 기존 임차인은 임대인에게 그 손해를 청구할 수 있는지 알아보자.

　임대인은 임대차 목적물을 임차인에게 인도하고 계약이 존속하는 동안 그 사용 수익에 필요한 상태를 유지하게 할 의무를 부담한다.
　집합건물은 관리단이 만들어져 업종 중복에 대한 큰 문제가 없지만 (관리규약에 동일업종 입점금지가 있는 경우 규약에 따라야한다. 대법원 2008다61561), 일반건물은 소유자가 임의로 업종에 대해 지정할 수 있다. 특히 '임대인은 향후 본 건물에 임차인의 동의 없이 현 임차인과 같은 업종의 임차인과는 계약하지 않는다'라는 특약을 할 필요가 있다.
　하지만, 특약에 명시하지 않았다고 하더라도 임대차계약의 목적, 목적물 이용의 구체적 내용, 임대차계약 관계의 존속 기간과 경과, 당사자관계, 목적물의 구조 등에 비춰 위의 내용이 묵시적으로 약정되었다고 인정할 수 있다. 이처럼 임대인에게 임차인의 영업을 보호할 의무가 인정된다면 임차인은 임대인에게 그 의무를 지킬 것을 주장할 수 있고 이를 위반하면 손해배상을 청구할 수 있다.

(대법원 2010. 6. 10. 선고 2009다64307)

[참조] 투자 전 꼭 알아야 하는 상가임대차법, 70page, 서영천, 매일경제신문사, 2020.

상가임대차에서 임대차 도중 임차인의 명의를 변경하는 경우 새로운 계약으로 보는지 여부

임차인의 다양한 사정으로 임대차계약 도중 임차인의 명의를 변경할 때 새로운 계약으로 보는지, 아니면 현 임대차의 연장으로 보는지 알아보자. 만약 새로운 계약으로 본다면 임차인은 상가임대차보호법에 의해 다시 10년을 주장할 수 있어 임대인은 주의가 필요하다.

단지 명의만 변경된 것이라면 새로운 계약으로 보기 어렵다. 임대차 중간에 임차인의 부탁으로 명의를 변경할 때 단지 가족 간의 명의 변경이나 가족 간의 업종 변경 시에는 명의 변경 후 10년의 계약갱신요구권이 있는 것이 아니라, 최초의 계약자를 기준으로 10년의 계약갱신요구권이 있다. 따라서 새로운 계약으로 볼지 여부는 계약 전후 임차인의 사정이나 계약의 동일성이 유지되는지를 따져봐야 한다. 또한 특약에 반드시 명의 변경의 사유와 과정을 자세히 기술하는 것이 좋으며 새로운 계약이 아님을 반드시 명시하는 것이 좋다.

[참조] 상가임대차 상담사례집, 26page, 서울특별시, 2019.

상가임대차에서 계약종료 1일 전에 해지통고가 가능한지 여부

상가임대차에서 임차인이 계약종료 1일 전에 해지통고가 가능한지를 알아보자.

상가임대차보호법에서는 임대인은 임차인이 종료 6개월 전부터 1개월 전까지 갱신요구 시 거절할 수 없다고 정해두고 있다. 이 기간 동안 아무 말이 없으면 묵시의 갱신으로 들어간다. 또한, 임대인도 종료 6개월 전부터 1개월 전까지 계약갱신거절, 조건변경통지를 요구할 수 있다. 즉, 갱신거절은 임대인이 종료 6개월 전부터 1개월 전까지 할 수 있지만, 임차인은 갱신요구권만 있을 뿐이며, 갱신거절통지 기간에 대해 명시된 법조문이 없다.

따라서 주택임대차에서는 2개월전까지 갱신거절, 조건변경을 통지해야 하며, 그렇지 않으면 묵시의 갱신으로 넘어간다고 되어 있으나 상가임대차에서는 법조문이 없기에 계약종료 1일전에 해지 통고를 할 수 있다. 이 법리는 법무부의 유권해석과 늘 일치된 견해를 가지고 있었다.

(대법원 2024. 6. 27. 선고 2023다307024)

원칙적으로 계약종료 시 해지 통보를 하는 경우 임대인이 즉시 보증금을 마련하는 등 시간적 여유가 없으므로 임차인은 1일 전에 해지 통보가 가능하더라도 미리 해지 통보를 해야 보증금의 반환 및 원상회복 등을 할 수 있을 것이다.

[참조]
1. 투자 전 꼭 알아야 하는 상가임대차법, 162page, 서영천, 매일경제신문사, 2020.
2. 상가임대차 상담사례집, 38page, 서울특별시, 2019.

관리자가 임차인의 점포에 들어간 경우 건조물침입죄 여부

점포의 임대인이나 공인중개사가 임차인의 승낙을 받아 열쇠를 받고 통상적인 출입방법으로 점포에 들어갔다면, 이는 거주자의 평온한 상태를 해치는 주거침입에 해당되지 않아 건조물침입죄에 해당하지 않는다.

행위자가 거주자의 승낙을 받아 주거에 들어갔으나 범죄 등을 목적으로 한 출입이거나 거주자가 행위자의 실제 출입 목적을 알았더라면 출입을 승낙하지 않았을 것이라는 사정이 인정되는 경우 행위자의 출입행위가 주거침입죄에서 규정하는 침입행위에 해당하려면, 출입하려는 주거 등의 형태와 용도·성질, 외부인에 대한 출입의 통제·관리 방식과 상태, 행위자의 출입 경위와 방법 등을 종합적으로 고려해서 행위자의 출입 당시 객관적·외형적으로 드러난 행위 태양에 비춰 주거의 사실상 평온상태가 침해되었다고 평가되어야 한다. 이때 거주자의 의사도 고려되지만 주거 등의 형태와 용도·성질, 외부인에 대한 출입의 통제·관리 방식과 상태 등 출입 당시 상황에 따라 그 정도는 달리 평가될 수 있다.

(대법원 2022. 3. 24. 선고 2017도18272 전원합의체 판결 참조)

점포의 임차인 C는 점포의 임대인인 피고인에게 이 사건 점포의 열쇠를 교부함으로써 출입을 승낙했고, 피고인이 이러한 관리자의 승낙 아래 통상적인 출입방법에 따라 이 사건 점포에 들어간 이상 사실상의 평온상태를 해치는 행위 태양으로 이 사건 점포에 들어갔다고 볼 수 없으므로, 피고인의 행위는 건조물침입죄에서 규정하는 침입행위에 해당하지 않는다. 설령 피고인이 C의 의사에 반해 이 사건 점포에 있던 집기 등을 철거할 목적으로 이 사건 점포에 들어간 것이어서 C가 이러한 사정을 알았더라면 피고인의 출입을 승낙하지 않았을 것이라는 사정이 인정되더라도 그러한 사정만으로 피고인이 사실상의 평온상태를 해치는 행위 태양으로 이 사건 점포에 출입했다고 평가할 수 없다.

(대법원 2022. 7. 28. 선고 2022도419 판결 [재물손괴, 건조물침입])

업종을 이유로
신규 임차인의 입점 방해

　새로운 임차인으로부터 권리금을 받고 기존 시설을 양도하려고 했으나, 임대인이 새로운 임차인의 업종을 이유로 권리금 회수를 방해하거나 임대차계약을 거절하는 경우를 알아보자.

　임대인은 같은 업종이 아닌 다른 업종인 경우 제한적으로 거절할 수 있다. 임대인이 신규 임차인의 업종을 이유로 계약을 거절할 수 있는데, 새로 들어오는 임차인이 현재의 업종과 같은 업종인 경우, 업종을 이유로 계약을 하지 않는 경우는 아주 특별한 사정이 입증되지 않는 한 권리금 회수기회 방해로 볼 확률이 높다. 또 신규 임차인의 업종이 이전과는 다를 때 임대인이 거절하는 경우가 있다. 새로 들어오는 임차인의 영업활동이 거주하는 주거 임차인의 생활을 불편하게 만들 것이 확실하다면 거절할 수 있다. 이처럼 임대인의 거절 사유가 합리적인 판단으로 볼 때 주변 환경과 불일치하거나, 다른 임차인에게 불편을 주거나, 혐오시설 같은 경우는 업종을 제한할 수 있다.

[참조]
1. 투자 전 꼭 알아야 하는 상가임대차법, 251page, 서영천, 매일경제신문사, 2020.
2. 상가임대차 상담사례집, 79page, 서울특별시, 2019.

권리금 회수 방해에 대한
손해배상 판결 1

　임차인이 임대인에게 권리금 회수 방해로 인한 손해배상을 구하기 위해서는 원칙적으로 임차인이 신규 임차인이 되려는 자를 주선하고, 임대인이 정당한 사유 없이 임대차계약을 체결하지 않겠다는 의사를 확정적으로 표시했다면 이러한 경우에까지 임차인에게 신규 임차인을 주선하도록 요구하는 것은 불필요한 행위를 강요하는 결과가 되어 부당하다. 이와 같은 특별한 사정이 있다면 임차인이 실제로 신규 임차인을 주선하지 않았더라도 임대인의 위와 같은 거절행위는 상가임대차법 제10조의4 제1항 제4호에서 정한 거절행위에 해당한다고 봐야 한다. 따라서 임차인은 같은 조 제3항에 따라 임대인에게 권리금 회수 방해로 인한 손해배상을 청구할 수 있다.

　2008년 임대인 A로부터 원고(임차인)는 해당 상가를 임차하고 커피 전문점을 운영했다. 2012. 11. 30. 상가를 매수한 피고 B와 임대차기간 2015. 11. 30까지 보증금 7,200만 원, 월세 220만 원으로 임대차계약을 체결했고, 이후 임대차기간이 묵시로 갱신하던 중 2016. 7. 13에 피고로부터 '2016. 11. 30까지 상가를 인도하라'라는 판결을 받았다(건물인도 청구의 소).

2016년 10월 초경 피고는 원고에게 '이 사건 상가를 더 이상 임대하지 않고 아들에게 커피전문점으로 사용하도록 하겠다'라는 취지로 말했다. 2016. 10. 17. 원고는 '원고가 주선하는 신규 임차인과 임대차계약을 체결해줄 것을 요청하고, 만약 원고가 주선하는 신규 임차인과 임대차계약을 체결하지 아니하고 피고의 아들이 직접 커피전문점을 운영할 계획인지 확실히 밝혀주기 바라며, 2016. 10. 20까지 아무런 답변을 하지 아니할 경우 원고는 피고에게 신규 임차인을 주선하겠다'라는 내용증명을 발송했다. 2016. 10. 21. 피고는 원고에게 '피고는 상가를 인도받아 직접 사용할 계획이다'라는 답변서를 발송했다.

원고는 창업컨설팅 회사를 통해 권리금 6,000만 원을 지급받고 신규 임차인을 소개받기로 협의를 진행했으나 피고가 직접 사용하겠다는 의사를 분명히 밝히자 신규 임차인 물색을 중단하고, 2016. 10. 27. 피고에게 '피고가 상가를 인도받은 후 직접 운영할 뜻임을 명확히 밝혔기 때문에 원고는 무익한 절차를 밟을 필요가 없다고 생각되어 피고에게 신규 임차인을 주선하지 아니하고 임대차기간 만료일에 인도하겠다'라는 내용증명을 발송했다.

피고가 원고에게 임대차 종료 후 신규 임차인과 임대차계약을 체결하지 않고, 자신이 직접 이용할 계획이라고 밝힘으로써 원고의 신규 임차인 주선을 거절하는 의사를 명백히 표시했다. 이런 경우 신규 임차인을 주선하도록 요구하는 것이 부당하다고 보이므로 특별한 사정이 없는 한, 원고는 실제로 신규 임차인을 주선하지 않았더라도 임대인의 권리금 회수기회 보호의무 위반을 이유로 피고에게 손해배상을 청구할 수 있다.

(대법원 2018다284226)

권리금 회수 방해에 대한
손해배상 판결 2

 계약종료 시 구체적인 철거·재건축이 있는 경우 새로운 임차인과의 계약에 일부 제한(임대기간)을 두는 경우 이를 권리금 회수 방해로 보는지 알아보자.

 임대인이 계약종료 시 임차인에게 건물에 대한 재건축 필요성이나 피고의 고지 내용이 구체적인 철거·재건축 계획이나 일정과 대체로 부합하고, 특별히 신규 임차인이 되려는 사람에게 불합리한 조건을 강요하는 것이라고 보기 어려워 '권리금 회수 방해 행위'에 해당하지 않는다.

 건물 내구연한 등에 따른 철거·재건축의 필요성이 객관적으로 인정되지 않거나 그 계획·단계가 구체화되지 않았는데도 임대인이 신규 임차인이 되려는 사람에게 짧은 임대 가능기간만 확정적으로 제시·고수하는 경우 또는 임대인이 신규 임차인이 되려는 사람에게 고지한 내용과 모순되는 정황이 드러나는 등의 특별한 사정이 없는 한, 임대인이 신규 임차인이 되려는 사람과 임대차계약 체결을 위한 협의 과정에서 철거·재건축 계획과 그 시점을 고지했다는 사정만으로는 상가임대차법 제10조의4 제1항 제4호에서 정한 '권리금 회수 방해 행위'에 해당한다고 볼 수 없다. 임대차계약의 갱신에 관한 상가임대차법 제10조 제1항과 권리금의 회수에 관한 상가임대차법 제10조의3, 제10조의4의 각 규정의 내용·취지가 같지 않은 이상, 후자의 규정이 적용되는 임대인의 고지 내용에 상가임대차법 제10조 제1항 제7호 각 목의 요건이 충족되지 않더라도 마찬가지다(대법원 2022. 8. 11. 선고 2022다202498 판결, 대법원 2022. 8. 31. 선고 2022다233607 판결 등 참조).

원고가 피고로부터 이 사건의 점포를 임차해서 음식점을 운영하던 중 A와 점포의 시설 및 권리금 일체를 권리금 7,000만 원에 양도하는 내용의 권리금 계약을 체결했는데, 피고가 원고에게 이 사건의 점포가 속한 건물의 재건축을 계획하고 있어 3년의 임차기간에 한해 새로운 임대차계약 체결이 가능하다고 고지해, 원고와 A 사이의 권리금 계약이 해제되었다. 이에 원고는 피고를 상대로 권리금 회수 방해를 원인으로 한 손해배상을 청구했다.

위 건물에 대한 재건축 필요성이나 재건축 의사의 진정성 등이 인정되고 그 철거·재건축 계획이 구체화되지 않았다고 보기 어려운 점, 피고의 고지 내용이 구체적인 철거·재건축 계획이나 일정과 대체로 부합하고, 특별히 신규 임차인이 되려는 사람에게 불합리한 조건을 강요하는 것이라고 보기 어려운 점 등에 비추어, 위 고지 행위는 상가임대차법 제10조의4 제1항 제4호에서 정한 '권리금 회수 방해 행위'에 해당하지 않는다.

(대법원 2024다 232530)

상가임대차 특약의
'최대한 협조한다'라는
약정의 의미

　권리금을 주고 임대차계약을 체결하면서 계약만료 시 권리금을 지급받을 수 있도록 특약에 '최대한 협조한다'라고 약정했으나, 계약만료 후 소방도로가 생겨 점포가 철거될 수밖에 없는 경우 임차인은 권리금을 임대인에게 청구할 수 있는지 알아보자.

　법률행위의 해석은 당사자가 그 표시행위에 부여한 객관적인 의미를 명백하게 확정하는 것으로서, 서면에 사용된 문구에 구애받는 것은 아니지만, 어디까지나 당사자의 내심적 의사 여하에 관계없이 그 서면의 기재내용에 의해 당사자가 그 표시행위에 부여한 객관적 의미를 합리적으로 해석해야 하는 것이고, 당사자가 표시한 문언에 의해 그 객관적인 의미가 명확하게 드러나지 않는 경우에는 그 문언의 내용과 그 법률행위가 이뤄진 동기 및 경위, 당사자가 그 법률행위에 의해 달성하려는 목적과 진정한 의사, 거래관행 등을 종합적으로 고려해 사회정의와 형평의 이념에 맞도록 논리와 경험의 법칙, 그리고 사회일반의 상식과 거래의 통념에 따라 합리적으로 해석해야 한다. 어떤 의무를 부담하는 내용의 기재가 있는 문면에 '협조를 최대로 한다'라고 기재되어 있는 경우, 특별한 사정이 없는 한 당사자가 그와 같은 문구를 기재한 객관적인 의미는 문면 그 자체로 볼 때 그러한 의무를 법적으로 부담할 수는 없지만, 사정이 허락하는 한 그 이행을 사실상 하겠다는 취지로 해석함이 상당하다. 그러한 의무를 법률상 부담하겠다는 의사였다면 굳이 '협조를 최대한 한다'라는 문구를 사용할 필요가 없는 것이기 때문이다(대법원96다16049, 대법원93다32668). 그렇다면 위 경우는 권리금의 성질을 고려할 때 권리금에 관한 '최대로 협조한다'라는 약정에 기해 임대인에게 직접 권리금을 청구하기는 어려울 것이다.

[참조] 사례로 보는 부동산 법률상담, 291page, 이인성, 책과 사람들, 2012.

원고가 피고에게 근저당권을 설정해주기로 한 ○○주택 제6동 101호, 102호, 202호가 모두 소외 1의 소유로 등기되어 있어서 소외 1의 협조 없이는 원고 단독으로 피고 앞으로 근저당권을 설정해주거나 피고가 이를 담보로 금융기관으로부터 금 3,400만 원을 대출받는 것을 도와줄 수 없기 때문에 '협조를 최대한 한다'라는 문구를 삽입한 것으로 보이고, 여기에 원고는 피고로부터 이 사건 매매잔대금 2,954만 원을 받고 위 201호를 넘겨주면 그만이며, 굳이 피고에게 위 금 3,400만 원의 대출을 받을 수 있을 만한 담보물을 제공할 의무가 없는 점을 보태어 보면, 원고가 위 차용증서에 '협조를 최대한 한다'라고 기재한 표시행위에 의해 부여한 객관적인 의사는 피고 측이 제시한 위와 같은 의무는 법률적으로 부담할 수 없지만 사정이 허락하는 한 성의껏 이행하겠다는 취지로 봄이 상당하고, 원심이 인정한 바와 같이 원고가 피고에게 근저당권을 설정해주기로 했던 위 101호, 102호에 대해서는 피고 명의로 채권최고액 각 금 1,100만 원씩으로 된 근저당권을 설정해줬으며, 또 202호에 대해도 근저당권을 설정해주려고 했으나 피고가 그 판시와 같은 이유로 거절한 이상, 원고로서는 그로써 사정이 허락하는 한 성의껏 위 약속을 이행한 것으로 봄이 상당하다.

(대법원 96다16049)

상가임대차에서 낡은 창문 교체 등 시설비를 청구할 수 있는가

단지 내 상가에서 미술학원을 운영 중이며, 입점할 당시 임대인의 동의를 받아 낡은 창문, 현관문 등을 교체하고 내부시설을 수리했다. 올해 말 임대차기간 만료를 앞두고 있는데 원상복구는 해야 하는지 또 설치비용을 청구할 수 있는지 알아보자.

임차인은 임차물의 보존을 위해 지출한 비용을 임대인에게 청구할 수 있다. 그리고 임차물의 객관적 가치를 증가시키기 위해 투입한 비용을 지출한 경우, 임차인은 임대차 종료 시에 그 가액의 증가가 현존할 경우에 한해 임차인이 지출한 금액이나 그 증가액을 청구할 수 있다.

다만, 임차인은 자기의 영업에 필요한 시설을 하기 위해 지출한 비용은 특별한 사정이 없으면 임대인에게 청구할 수 없다.

시설보수비용 청구 여부는 임대인과 임차인의 계약 내용 및 임차인이 교체한 시설 등이 임차인의 영업을 위한 것인지, 다른 임차인도 사용하는 데 필요한 것인지, 임차물의 객관적 가치를 증가시킨 것인지 등에 따라 달라진다.

한편, 낡은 창문을 새것으로 교체한 경우 특별한 사정이 없으면 낡은 창문으로 다시 교체하는 것은 일반적인 사회통념을 벗어나는 것으로 당사자가 합리적으로 협의해야 할 것이다.

[참조] 상가임대차 상담사례집, 145page, 서울특별시, 2023.

상가권리금계약을 공인중개사가 작성해도 되는지에 대한 질의 답변

[질의 1] 행정자치부에 대한 상가권리금 계약서 작성 업무에 대한 질의 내용

[답변1] 행정자치부에서 상가권리금 계약서 작성 업무는 행정사의 업무에 속하며 공인중개사는 상가권리금 계약서 작성 업무를 할 수 없다.

[질의 2] 국토교통부에 대한 상가권리금 계약서 작성이 가능한지에 대한 질의내용(접수번호 1AA-1606-194912. 2016년 7월 5일)

[답변 2] 공인중개사법 제3조에서는 '중개대상물은 토지, 건축물 그 밖의 토지의 정착물, 그 밖에 대통령령('입목에 관한 법률'에 따른 입목, '공장 및 광업재단 저당법'에 따른 공장재단 및 광업재단)이 정하는 재산권 및 물건과 같다'라고 규정하고 있다.

대법원 판례(2006. 9. 22. 선고 2005도6054 판결)에서는 영업용 건물의 영업시설, 비품 등 유형물이나 거래처, 신용, 영업상의 노하우 또는 점포 위치에 따른 영업상의 이점 등 무형의 재산적 가치는 중개대상물이라고 할 수 없다고 판시하고 있다.

권리금계약 알선 및 계약서 작성 업무는 공인중개사의 고유 업무인중개업에 해당되지 않으며, 행정사법에서 관련 업무를 금지하는지는 별론이다.

[질의 3] 행정자치부에서 상가권리금 계약서 작성 업무는 행정사의 업무에 속하며 공인중개사는 상가권리금 계약서 작성 업무를 할 수 없다고 질의 회신한 바 공인중개사가 상가권리금계약 알선 및 계약서 작성이 가능한지 여부에 대해서 질의(접수번호 1AA-1605-121106. 2016년 5월 20일)

[답변 3] 공인중개사법 제3조에서는 '중개대상물은 토지, 건축물 그 밖의 토지의 정착물, 그 밖에 대통령령('입목에 관한 법률'에 따른 입목, '공장 및 광업재단 저당법'에 따른 공장재단 및 광업재단)이 정하는 재산권 및 물건과 같다'라고 규정하고 있다.

대법원 판례(2006. 9. 22. 선고 2005도6054 판결)에서는 영업용 건물의 영업시설, 비품 등 유형물이나 거래처, 신용, 영업상의 노하우 또는 점포 위치에 따른 영업상의 이점 등 무형의 재산적 가치는 중개대상물이라고 할 수 없다고 판시하고 있다.

따라서 권리금은 공인중개사법 제3조에 따른 중개대상물이 아니며, 이에 따라 권리금 계약 알선은 중개행위로 보기는 어렵다고 사료된다. 또한 권리금 등 부동산 관련 컨설팅 업무는 현재 자유업으로서 세무서에 사업자등록 후 영업이 가능하다.

한편, 공인중개사법 제14조 제1항에서는 '법인인 개업공인중개사는 다른 법률에 규정된 경우를 제외하고는 중개업 및 상업용 건축물 및 주택의 임대관리 등 부동산의 관리대행, 부동산의 이용 개발 및 거래 상담에 관한 상담, 개업공인중개사를 대상으로 한 중개업의 경영기업 및 경영정보의 제공, 상업용 건축물 및 주택의 분양대행 그 밖에 중개업에 부수되는 업무로서 대통령령이 정하는 업무(중개의뢰인의 의뢰에 따른 도배, 이사 업체의 소개 등 주거이전에 부수되는 용역의 알선)와 제2항 '개업공인중개사는 민사집행법에 의한 경매 및 국세징수법 그 밖의 법령에 의한 공매대상 부동산에 대한 권리분석 및 취득의 알선과 매수신청 또는 입찰신청의 대리를 할 수 있다'에 규정된 업무 외에 다른 업무를 할 수 없다'라고 규정하고 있다.

또한, 공인중개사법에서는 개인인 개업공인중개사에 대한 겸업 제한 규정을 두고 있지 않으므로 타 법령에서 금지하는 규정이 없다면 매매업을 제외한 업종에 대해 겸업이 가능하다.

[참조] 공인중개사법 쪼개기, 121~122page, 정재진, 2018.

소규모사업장 내 제조시설과 사무소를 영리목적으로 봐서 상가임대차보호법의 적용대상으로 볼지 여부

제조장이나 공장 임대차에서 종종 상가임대차보호법의 적용이 되는지에 대한 문의가 많다. 단순한 보관, 제조, 공장이 아닌 경우 상가임대차보호법의 적용을 받는다. 상가임대차법이 적용되는 상가건물에 해당하는지 여부는 공부상의 표시가 아닌 건물의 현황·용도 등에 비춰 영업용으로 사용하느냐에 따라 실질적으로 판단해야 하고, 단순히 상품의 보관·제조·가공 등 사실행위만이 이뤄지는 공장·창고 등은 영업용으로 사용하는 경우라고 할 수 없으나 그곳에서 그러한 사실행위와 더불어 영리를 목적으로 하는 활동이 함께 이뤄진다면 상가임대차법의 적용대상인 상가건물에 해당한다.

상가임대차법의 목적과 같은 법 제2조 제1항 본문, 제3조 제1항에 비춰보면, 상가임대차법이 적용되는 상가건물의 임대차는 사업자등록의 대상이 되는 건물로서 임대차 목적물인 건물을 영리를 목적으로 하는 영업용으로 사용하는 임대차를 가리킨다. 그리고 상가임대차법이 적용되는 상가건물에 해당하는지 여부는 공부상의 표시가 아닌 건물의 현황·용도 등에 비춰 영업용으로 사용하느냐에 따라 실질적으로 판단해야 하고, 단순히 상품의 보관·제조·가공 등 사실행위만이 이뤄지는 공장·창고 등은 영업용으로 사용하는 경우라고 할 수 없으나 그곳에서 그러한 사실행위와 더불어 영리를 목적으로 하는 활동이 함께 이뤄진다면 상가임대차법의 적용대상인 상가건물에 해당한다(대법원 2011. 7. 28. 선고 2009다40967 판결 참조).

제품 대금의 지급은 다양한 방법으로 이뤄질 수 있고, 신용카드나 계좌이체의 방식으로 대금을 지급하는 것은 통상의 거래에 있어 일반적인 지급 방식이다. 그럼에도 대금의 결제가 주로 계좌이체의 방식으로 이뤄지는 것으로 보이므로 이 사건 건물에서 대금을 수수한다고 보기 어려워 영업행위가 이뤄진다고 볼 수 없다는 취지의 원심의 판단은 선뜻 받아들이기 어렵다.

이 사건 건물의 대부분은 용접 가공 및 제조를 하는 작업장이고, 일부분이 그 외의 업무를 하는 사무실로 구성되어 있다. 그러나 피고는 이 사건 건물 외에 별도의 영업소를 두고 있지 않으며 이 사건 건물에서 상품의 제조·가공과 함께 대금 수수 등 영리를 목적으로 하는 활동이 이뤄지고 있으므로 제조업을 영위하는 상인인 피고가 이 사건 건물에서 하는 작업은 모두 일련의 영업활동에 해당하므로 이 사건 건물 전체가 영업활동을 하는 하나의 사업장으로서 영업용으로 사용하는 건물이라고 봐야 한다.

이 사건 계약서의 표제가 '부동산(공장) 월세 계약서'이고 이 사건 계약서의 특약사항에도 이 사건 건물이 제조업임을 전제로 '상기 공장'이라는 문구가 여러 차례 기재되어 있기는 하다. 그러나 피고와 같이 제조업을 영위하는 개인사업자가 운영하는 소규모 공장의 경우 별도의 영업소를 두지 않고 그 공장에서 상품의 제조·가공과 영업활동이 함께 이뤄지는 경우가 통상적이므로, 이 사건 계약 당시 피고는 이 사건 건물을 단순히 상품의 제조·가공 등 사실행위만을 위한 공장으로만 사용할 의사였다기보다는 영리를 목적으로 하는 영업용으로 사용할 의사였을 것으로 보이고, 원고의 입장에서도 피고가 제조업을 영위하기 위해 이 사건 건물을 공장으로 사용하는 이상 영업용으로 사용될 수 있으리라는 점을 충분히 인식했을 것으로 보인다. 따라서 원고와 피고 모두 이 사건 계약 당시 이 사건 건물이 상품의 제조·가공과 영리를 목적으로 하는 활동을 모두 하는 장소로 사용될 것이라는 인식과 의사 합치가 있었다고 볼 여지가 크다.

(대법원 2024. 11. 14. 선고 2024다264865)

목적물의 반환과
보증금반환의무

　임대차계약이 종료되면 임차인은 그 목적물을 반환하고 임대인은 연체차임을 공제한 나머지 보증금을 반환해야 한다. 이러한 임차인의 목적물반환의무와 임대인의 보증금반환의무는 동시이행관계에 있으므로, 임대인이 임대차보증금의 반환의무를 이행하거나 적법하게 이행제공을 하는 등으로 임차인의 동시이행항변권을 상실시키지 않은 이상, 임대차계약종료 후 임차인이 목적물을 계속 점유하더라도 그 점유를 불법점유라고 할 수 없고 임차인은 이에 대한 손해배상 의무를 지지 않는다. 그러나 임차인이 그러한 동시이행항변권을 상실했는데도 목적물의 반환을 계속 거부하면서 점유하고 있다면, 달리 점유에 관한 적법한 권원이 인정될 수 있는 특별한 사정이 없는 한 이러한 점유는 적어도 과실에 의한 점유로서 불법행위를 구성한다(대법원 1996. 6. 14. 선고 95다54693 판결, 대법원 2014. 8. 20. 선고 2014다204253, 204260 판결).

　원고가 이 사건 임대차계약이 종료된 다음 연체차임 등을 공제한 임대차보증금을 적법하게 변제공탁했다면 피고가 이 사건의 각 식당을 인도할 의무에 대해 임대차보증금의 반환과 동시이행을 주장할 수 없다. 피고는 선행 소송에서 이 사건의 각 식당에 지출한 비용의 상환을 청구했으나 청구를 기각하는 판결이 확정되었고, 달리 피고가 이 사건의 각 식당을 점유할 적법한 권원이 없는 한 피고가 위 변제공탁의 통지를 받은 다음부터 이 사건의 각 식당을 원고에게 인도할 때까지 적어도 과실에 의한 불법점유를 한 것으로 볼 수 있다.

(대법원 2020. 5. 14 선고 2019다252042 판결)

CHAPTER 03

토지임대차

토지임대차 시 건물 원상복구를 해야 할까?

임대차계약의 임차목적물은 이 사건 토지로 특정되어 있고, 계약 체결 당시 이 사건 토지에 주택과 개 사육용 철창이 이미 존재했음에도, 이 사건 임대차계약서에서 임차목적물로 기재되어 있지 않을뿐더러 사용 또는 원상회복 등에 관한 내용을 찾기 어렵다. 이 사건 임대차계약서에 '임차인은 임대인의 승인하에 개축 또는 변조할 수 있으나 부동산의 반환기일 전에 임차인의 부담으로 원상 복구키로 한다'라는 내용이 기재되어 있고, 특약사항에 '계약 만료 시 권리금 없음', '계약 만료 시 땅 원상복구할 것'이라는 내용이 기재되어 있으나, 위 기재 내용만으로는 임차목적물이 아닌 지상 가건물과 철창 구조물까지 원상회복의 대상으로 약정했다고 보기 어렵다. 토지를 임차해서 사용하다가 임대차 종료 시 임대 당시 상태로 반환하기로 약정했다고 봄이 자연스럽고, 피고는 임대 당시와 비교했을 때 현상이 변경된 부분에 한해 원상회복의무를 부담할 뿐 이를 초과해서 임대목적 토지상에 건립된 가건물, 기타 구조물 등의 원상회복의무까지 부담한다고 보기는 어렵다.

(대법원 2023. 11. 2. 선고 2023다249661 판결)

외국인도 농지 취득이 가능한지 여부

외국인도 농지를 취득할 수 있는지 알아보자.

외국인의 농지 취득은 내국인과 동일하며 농지위원회 심의를 거쳐 농지취득자격증명을 발급받을 경우 취득이 가능하다.

농지법에서는 외국인(영주권자 포함)의 농지 취득을 별도로 제한하고 있지는 않다. 관할청에서는 신청인이 국내에 거주하면서 영농을 하고자 하는 경우에는 농업경영계획서의 실현가능성 등을 검토해 농지취득자격증명 발급 여부를 결정한다. 이 경우 농지법 제44조에 따른 농지위원회 심의를 거쳐야 한다. 신청인이 국내에 거주하지 않으면 사실상 농업경영이 가능하지 않은 것으로 보아 농지취득자격증명 발급은 불가능하다. 외국인의 국내 거주에 관한 사항은 외국인등록사실증명, 국내거소신고사실증명 등 관련 서류 확인, 현지조사 등을 거쳐 확인할 수 있다.

재외국민의 경우에는 국내거소신고증을 발급하지 않고 재외국민 주민등록증을 발급(2015. 1. 22., 재외동포법, 주민등록법 개정)하고 있으므로 주민등록증과 함께 국내 거주 여건과 관련된 서류 확인 등이 필요하다.

◆ 농지위원회 심의대상 ◆

1. '부동산거래신고 등에 관한 법률' 제10조 제1항에 따라 지정된 허가구역에 있는 농지를 취득하려는 자
2. 취득대상 농지 소재지 관할 시·군·자치구 또는 연접한 시·군·자치구에 거주하지 않으면서 그 관할 시·군·자치구에 소재한 농지를 2022년 8월 18일 이후 처음으로 취득하려는 자
3. 1필지의 농지를 3인 이상이 공유로 취득하려는 경우 해당 공유자
4. 농업법인
5. '출입국관리법' 제31조에 따라 등록한 외국인
6. '재외동포의 출입국과 법적 지위에 관한 법률' 제6조에 따라 국내거소신고를 한 외국국적동포
7. 그 밖에 농업경영능력 등을 심사할 필요가 있다고 인정하여 시·군·자치구의 조례로 정하는 자

(농지법 시행규칙 제7조 제3항)

지목이 임야지만 농사를 짓고 있다면 농지인지 여부

시골의 자연녹지지역이고, 지목은 임야이며, 소유자는 고향을 떠난 지 오래고, 임차인으로부터 임대료를 현물과 현금으로 약간 받고 있다. 이런 임야를 매수하고 싶은데 임야도 농지법상 농지인지 알아보자.

농지법 제2조 제1호에 '농지란 전·답·과수원, 그 밖에 법적 지목을 불문하고 실제로 농작물 경작지 또는 다년생 식물 재배지로 이용되는 토지'를 말한다. 따라서 지목이 임야라도 실제 농작물 경작지로 사용되고 있거나, 산지전용허가를 거쳐 농작물 경작 또는 다년생식물의 재배에 이용된 경우 농지법상 농지에 해당한다.

임차인과 임대차계약을 하고 임차인이 직불금을 타고 있다면 해당 읍·면사무소의 농지대장, 농지취득자격증명 담당자와 통화해서 정확히 농지인지 여부를 확인할 수 있다.

> 임야를 무단 개간해 농지로 이용하는 토지의 성격에 대한 업무 혼선 등을 해소하기 위해 농지법 시행령 개정을 통해 농지의 범위를 조정함(2016. 1. 21. 시행).
> - 종전에는 지목이 임야인 토지에 대해서는 산지관리법에 따른 산지전용허가를 받지 아니하더라도 3년 이상 농작물을 경작하는 등의 경우에는 농지로 인정했으나,
> - 앞으로는 산지관리법에 따른 산지전용허가를 받지 아니한 경우에는 3년 이상 농작물을 경작하는 토지 등에 대해서도 농지로 인정받지 못하도록 함.
> - 다만 시행령 부칙 제2조에 농지의 범위에 관한 경과조치를 마련해 법령 시행일(2016. 1. 21.) 당시 경작 또는 재배에 이용되는 토지에 대해서는 종전 규정[1]을 적용 해석함.
>
>   1) 종전 규정이란 지목이 임야인 토지의 형질을 변경해 3년 이상 계속해서 농작물 경작이나 과수 등 다년생 식물의 재배에 이용한 경우 농지에 해당됨.

[참조] 농지민원 사례집, 7page, 농림축산식품부, 2023. 1.

자경의사가 없는 경우 농지법 위반 판례

투기목적으로 농지를 매수하는 경우가 아주 많다. 농업경영계획서, 농지취득자격증명이 불법적으로 발급되는 사례가 많아 실제 농사를 짓지 않는 사람도 충분히 농지를 구매하는 사례가 많다. 다음은 농지법 위반의 대표적 사례다.

피고들의 직업, 경력, 거주 및 가족상황, 농지를 매수한 경위, 피고 상호 간의 관계, 묘목을 재배하거나 경작했다고 보기 어려운 점에 비춰볼 때 농지를 자경할 의사 없이 매수하고, 취득에 필요한 농업경영계획서를 허위로 제출해 농지취득자격증명을 발급받았다고 볼 수밖에 없다. 피고인들은 영농 경험이 전혀 없는 자들로서 이 사건 농지를 매입하기 이전부터 현재까지 서울에서 가족들과 거주하면서 서울에 있는 회사에서 직장생활을 해왔으며, 이 사건 농지를 매입하기 이전에는 서로 만난 적이 없는 사이였던 사실 등을 알 수 있다.

두충나무의 재배·관리에 많은 노동력이 소요되는 것은 아니라는 점을 감안하더라도 1년에 3~4회 가량 내려와 가지치기를 하거나 풀을 베는 정도만으로는 사회통념상 묘목을 재배하거나 농작물을 경작했다고 평가하기는 어렵다고 할 것이다. 여기에 이 사건 농지에 두충나무가 식재되어 있다는 사실이 이 사건 농지를 매입함에 있어 중요한 동기가 되었다거나 매매가격을 결정함에 있어 참작요소로 작용했다고 볼 만한 자료가 없다. 위 두충나무는 예전부터 식재된 채로 사실상 방치되어 있었던 것으로만 보일 뿐 실제 묘목으로 판매된 적이 있다거나 경제성이 있다고 볼 만한 자료도 찾아볼 수 없는 점, 이 사건 농지를 매수하기 전에는 서로 알지도 못했던 피고인들이 공동으로 두충나무를 경작하기로 했다는 것도 경험칙상 선뜻 받아들일 수 없는 점 등을 종합해보면, 피고인들이 위 두충나무를 재배·판매할 의사가 있었다고 보기도 어렵다고 할 것이고, 결국 이 사건 농업경영계획서의 내용은 허위로 볼 수밖에 없다.

나아가, 우리나라의 부동산 투기 실태와 정부 수립 이래 경자유전(耕者有田)의 원칙에 따라 비농업인의 농지 소유를 계속적으로 제한해온 규제 연혁 등에 비춰볼 때, 실제로 농사를 짓지 않는 사람이 농지를 취득하는 경우에는 법령상 제한이 있을 것이라는 점은 경험칙상 쉽게 알 수 있을 것임에도 피고인들이 이 사건 농지를 자경할 의사 없이 매수하기 위해 그 취득에 필요한 농업경영계획서 제출이나 농지취득자격증명 발급에 관한 일체의 사무를 남광 직원에게 일임한 것은, 결국 법령에 위반된 방법으로 농지취득자격증명을 발급받게 될 것이라는 사정을 알면서도 이를 용인 내지 묵인한 것으로 볼 수밖에 없다고 할 것이므로, 피고인들에게 농지법 위반에 대한 고의가 없었다고 볼 수도 없다고 할 것이다.

(대법원 2005도8802 농지법 위반)

CHAPTER 04

공인중개사법

초과중개보수를 다시 반환한 경우 중개사법 위반 여부

관례적으로 건축업자나 건축주, 임대인들은 중개업자에게 중개보수를 초과로 지급하는 일이 흔하다. 이는 상호 간의 이익이 있기 때문이다. 주는 쪽도 받는 쪽도 서로의 이익이 있기에 이런 관행은 아주 오랫동안 관례가 되었다. 하지만 공인중개사법에서는 이런 초과중개보수를 엄격히 규제하고 있고, 등록관청이나 수사기관은 중개업자의 위법(전세사기 등)이 있는 경우, 우선 초과중개보수로 중개업자들을 엮는 일이 흔하다. 만약 초과중개보수를 지급받고 다시 돌려줬을 경우 처벌이 가능한지 알아보자.

중개업자 등이 중개의뢰인으로부터 수수료 등의 명목으로 법정의 한도를 초과하는 금품을 취득함에 있는 것이지 중개의뢰인에게 현실적으로 그 한도 초과액 상당의 재산상 손해가 발생함을 요건으로 하는 것은 아니다. 한편 당좌수표는 그 자체가 재산적 가치를 지닌 유가증권이므로, 중개업자 등이 중개의뢰인으로부터 수수료 등의 명목으로 소정의 한도를 초과하는 액면금액의 당좌수표를 교부받은 경우에는 그 취득 당시 보충할 수 없는 수표요건이 흠결되어 있는 이른바 불완전수표와 같이 그 당좌수표 자체에 이를 무효로 하는 사유의 기재가 있는 등의 특별한 사정이 없는 한 그 당좌수표를 교부받는 단계에서 곧바로 위 죄가 되는 것이고, 비록 그 후 그 당좌수표가 부도처리되었다거나 또는 중개의뢰인에게 그대로 반환되었더라도 위 죄의 성립에는 아무런 영향이 없다.

(대법원 2004. 11. 12. 선고 2004도4136 판결)

중개행위의 중개보수가 아닌
컨설팅으로 인정한 경우

초과중개보수를 받는 행위를 컨설팅으로 전환해서 법 위반 위기를 모면해보려는 경우가 많다. 컨설팅계약서를 작성하고, 법적, 경제적인 분석과 수입지출 분석, 현금흐름 분석, 민감도 분석 등으로 최유효 결과를 고객에게 보고해야 한다. 하지만 컨설팅을 단순히 중개행위와 혼동하는 경우가 많다. 다음은 중개행위에 해당하지 않아 컨설팅비용을 초과중개보수로 인정하지 않은 사례다.

약정에 따라 과수원인 이 토지를 분할하고 택지로 조성해 그 중 일부를 매도하면서 어느 정도의 위험부담(지적분할, 지상물철거, 도로개설, 하수관설치, 중개수수료, 접대비, 여비, 공과비용 및 기타 잡비 등을 비롯한 일체의 비용)과 함께 이득을 취하는 일련의 행위로서 부동산중개업법 소정의 중개행위에 해당하지 않는다 할 것이고, 따라서 위 각 행위와 관련해 피고인이 취득한 판시 금원 또한 부동산중개업법 제15조 제2호에 의해 초과수수가 금지되는 중개업자의 수수료 등 금품에는 해당하지 않는다고 봄이 상당하다 할 것이다(대법원 2004도5271).

부동산중개업자가 임야의 매매를 중개하면서 그에 수반해 중개의뢰인으로부터 매매목적물인 토지의 측량, 분할 및 근저당권부채무의 변제행위를 의뢰받은 경우에 이러한 행위는 사회 관념상 토지 매매거래의 알선, 중개행위에는 해당되지 아니하므로 그와 관련된 대가로서 지급받은 금원은 중개수수료와는 별개의 것으로서 처벌의 대상이 되지 아니한다(대전지법 2007고정1558).

하지만, 단순 중개행위만 이뤄진 경우는 컨설팅으로 인정하지 않으므로 중개보수를 받을 때 주의가 필요하다.

중개의뢰하지 않은 거래당사자로부터의 중개보수 판례

중개보수가 기재된 중개대상물확인설명서에 의뢰인들이 서명했다 하더라도 이를 법원에서는 약정으로 보지 않는다. 또 공인중개사가 중개행위를 했더라도 해당 중개업무를 의뢰하지 않은 거래당사자로부터 별도의 지급약정 등 특별한 사정이 없는 한 원칙적으로 중개보수를 지급받을 수 없다.

공인중개사법 제2조 제1호는 '중개'에 관해 '제3조의 규정에 의한 중개대상물에 대해 거래당사자 간의 매매·교환·임대차 기타 권리의 득실·변경에 관한 행위를 알선하는 것'이라고 정했다. 이러한 '중개'에는 중개업자가 거래의 쌍방 당사자로부터 중개의뢰를 받은 경우뿐만 아니라 일방 당사자의 의뢰로 중개대상물의 매매 등을 알선하는 경우도 포함된다(대법원 1995. 9. 29. 선고 94다47261 판결, 대법원 2021. 7. 29. 선고 2017다243723 판결 등 참조).

공인중개사법 제32조 제1항 본문은 '개업공인중개사는 중개업무에 관해 중개의뢰인으로부터 소정의 보수를 받는다'라고 정했으므로, 공인중개사가 중개대상물에 대해 거래당사자 간의 매매·교환·임대차

기타 권리의 득실·변경을 알선하는 행위를 했더라도 해당 중개업무를 의뢰하지 않은 거래당사자로부터 별도의 지급약정 등 특별한 사정이 없는 한 원칙적으로 중개보수를 지급받을 수 없다.

확인·설명할 사항 중 '중개보수 및 산출내역'을 명시한 것도 중개의뢰인과의 관계에서만 의미를 가지고, 비록 공인중개사법 시행령 제21조 제3항이 공인중개사로 하여금 중개의뢰인이 아닌 거래당사자에게도 위 서면을 교부할 의무를 부과했지만, 이는 행정적 목적을 위해 공인중개사에게 부과한 의무일 뿐 공인중개사의 중개대상물에 관한 확인·설명의무의 대상을 중개의뢰인이 아닌 거래당사자에 대해서까지 확대하는 취지라고 볼 수는 없다. 그러므로 중개의뢰인이 아닌 거래당사자가 '중개대상물 확인·설명서'에 기명·날인을 했더라도 이는 공인중개사로부터 '중개대상물 확인·설명서'를 수령한 사실을 확인하는 의미에 불과할 뿐 '중개보수 등에 관한 사항'란에 기재된 바와 같이 중개수수료를 지급하기로 하는 약정에 관한 의사표시라고 단정할 수 없다.

(대법원 2024. 1. 4. 선고 2023다252162 판결)

개설등록하지 않은 자와의
중개보수약정 효력

　공인중개사 자격이 없는 자가 부동산중개업 관련 법령을 위반해 중개사무소 개설등록을 하지 아니한 채 부동산중개업을 하면서 체결한 중개수수료 지급약정에 따라 수수료를 받는 행위는 투기적·탈법적 거래를 조장함으로써 부동산거래질서의 공정성을 해할 우려가 있다. 공인중개사 자격이 없어 중개사무소 개설등록을 하지 아니한 채 부동산중개업을 한 자에게 형사적 제재를 가하는 것만으로는 부족하고 그가 체결한 중개수수료 지급약정에 의한 경제적 이익이 귀속되는 것을 방지해야 할 필요가 있다고 할 것이다. 공인중개사 자격이 없는 원고가 중개사무소 개설등록을 하지 아니한 채 부동산매매계약을 중개하면서 매매당사자와 사이에 체결한 이 사건 중개수수료 지급약정은 강행규정에 위배되어 무효라고 판단한 조치는 정당하다.

　(대법원 2010. 12. 23. 선고 2008다75119)

중개보조원이 계약서를 작성하고 서명날인하는 경우

개업공인중개사가 옆에 있었지만, 중개보조원이 계약서, 중개대상물확인설명서를 직접 작성하며, 개업공인중개사란에 도장까지 찍고 서명하는 경우 중개보조원과 공인중개사의 처벌은 어떻게 되는지 알아보자.

중개보조원이 개업공인중개사의 지휘, 감독의 범위를 벗어나서 중개행위를 하고 거래계약서 작성 및 인장날인을 했다면, 중개보조원은 공인중개사법 제48조 제1호의 규정에 의한 '중개사무소의 개설등록을 하지 아니하고 중개업을 한 자(무등록중개)'에 해당되어 3년 이하의 징역 또는 3,000만 원 이하의 벌금에 해당하는 처벌을 받게 된다. 또한 공인중개사법에 의한 거래계약서 작성 및 중개대상물확인설명서를 작성하는 등 중요한 중개행위는 개업공인중개사가 직접 수행해야 하며, 이를 위반해 중개보조원 등 타인이 개업공인중개사의 명의로 중개행위를 했다면 등록증 대여 또는 자격증 대여에 해당될 것이다. 따라서 등록증, 자격증을 대여한 개업공인중개사는 공인중개사법 제35조에 의해 공인중개사자격증이 취소되고, 제38조에 의해 사무소 등록도 취소되며, 제49조에 의해 1년 이하의 징역 또는 1,000만 원 이하의 벌금에 처해진다.

(국토교통부 2017. 3. 16.)

[참조] 부동산 법률상담 사례 및 판례, 24page, 한국공인중개사협회, 2021.

단, 자격증 대여가 아닌 단순히 도장을 실수나 관례적으로 중개보조원이 찍었다면 개업공인중개사가 서명 및 날인하지 않은 것으로 보아서, 공인중개사법 제39조 위반으로 영업정지에 해당된다.

무등록중개, 등록증 및 자격증 대여인 자를 신고하는 경우 포상금이 지급된다. 무등록중개, 등록증 및 자격증 대여인 자와 공동중개를 한 개업공인중개사도 사실관계를 종합적으로 판단해야 하겠지만 동일하게 처벌받을 수 있다.

(국토교통부 부동산개발산업과 2AA-2403-082713)

현 개업공인중개사로서 중개업을 하면서 별도로 다른 회사(부동산분양대행법인)를 다녀도 될까?

　현 개업공인중개사로 현직을 유지하면서 부동산분양대행법인(부동산중개법인이 아닌)의 대표를 겸임하려 할 때, 개인인 개업공인중개사에 대한 겸업제한규정을 두고 있지 않으므로 부동산매매업 등 공인중개사법 제33조 금지행위가 아닌 경우 겸업이 가능하다(국토교통부 유권해석 1AA-1705-043337. 접수일자 2017. 05. 10.).

　다만, 취업하려고 하는 회사의 사규(社規)나 법령에 위반되는 경우는 제외한다(공무원 등). 또한 법인은 공인중개사법 제14조에 겸업을 제한하고 있다.

공인중개사에게 계약의 원만한 이행 및 임차인의 임대차보증금 반환채권 보전을 도모할 의무를 인정한 사례

개업공인중개사는 계약서만 작성하고 그 이후에 중개업자로서의 의무는 없다고 생각한다. 계약의 원만한 이행이 예상되는 행위도 중개업자의 중개활동, 중개행위로 보기 때문에 잔금 시 이뤄지는 근저당 상환 및 말소, 압류말소, 전세권설정 등 계약특약조건은 반드시 중개업자가 확인할 필요가 있다.

임대차계약에서 같은 법무사에게 특약한 대로 소유권이전등기 후 바로 전세권설정등기가 이뤄지도록 조치하지 아니했고, 전입신고 및 확정일자만 취득하도록 원고에게 권고했으며, 임대인이 이를 틈타 약정을 위반해 근저당권설정등기를 마쳤고, 그 결과 임차인은 보증금 중 일부를 회수하지 못하는 손해를 입었다면 중개업자가 중개행위를 함에 있어서 고의 또는 과실로 거래당사자에게 재산상의 손해를 발생하게 한 때에 해당한다.

원고의 의뢰를 받은 중개업자인 피고는 이 사건 임대차계약 체결 이후에도 원고의 잔금지급 및 전세권설정에 관여하면서 계약의 원만한 이행 및 원고의 임대차보증금반환채권 보전을 도모할 것이 예정되어 있었다고 보이고, 이러한 행위는 원·피고 사이의 중개계약 본지에 따른 중개행위에 포함된다고 할 것이다(대법원 2007. 2. 8. 선고 2005다55008 판결 참조).

그런데 甲(임대인)은 이 사건 임대차계약을 체결하기 바로 전에 계약금만 지급하고 이 사건 아파트를 매수했으므로 매매대금에서 원고로부터 받을 보증금과 특약한 근저당권 채권최고액 합계 1억 2,000만 원을 제외한 나머지 7,000여만 원을 따로 마련하지 못하는 경우 이 사건 아파트의 소유권 취득이 어려운 상황이었고, 피고는 계약 체결 과정에서 매매계약서를 확인해 그와 같은 사정을 알고 있었음에도 아직 甲 명의의 소유권이전등기가 마쳐지기도 전에 당초 정한 지급기일에 앞서 임대차보증금 잔금을 지급하도록 주선했다. 그러면서도 甲의 배신행위나 제3자의 선순위 권리취득을 확실히 방지할 수 있도록 甲의 소유권이전등기와 원고의 전세권설정등기 신청을 같은 법무사에게 위임하도록 하는 등의 방법으로 이 사건 임대차계약에서 특약한 대로 소유권이전등기 후 바로 전세권설정등기가 이뤄지도록 조치하지 아니했고, 오히려 선순위 근저당권의 유무나 채권최고액을 확인할 수 없고 전입신고를 마친 다음 날 비로소 대항력이 발생해 임대차보증금 담보방법으로 상대적으로 불확실한 전입신고 및 확정일자 취득이라는 주택 임대차보호법이 정한 임차인 보호조치를 취하도록 원고에게 권고했다. 甲은 이를 틈타 약정을 위반해 채권최고액이 1억 5,600만 원인 근저당권설정등기를 마쳤으며, 그 결과 원고는 보증금 중 일부를 회수하지 못하는 손해를 입었다. 따라서 피고의 위와 같은 행위는 공인중개사법 제30조 제1항이 정한 중개업자가 중개행위를 함에 있어서 고의 또는 과실로 거래당사자에게 재산상의 손해를 발생하게 한 때에 해당한다고 봄이 상당하다.

(대법원 2012다102940 손해배상)

계약 체결일과 작성일, 부동산거래신고 기준일

2024년 5월 1일에 계약의 약정을 하고 계약금의 일부인 1,000만 원이 입금되었다. 5월 8일 나머지 계약금 3,000만 원을 입금하고, 공인중개사 사무소에서 계약서를 작성하며 확인설명서와 공제증서를 발행했다. 이때 계약서상의 날짜는 몇 월 몇 일로 해야 하고, 실거래신고 시 계약일은 언제인가?

부동산거래신고 시 신고기준일은 '계약 체결일', 즉 계약의 주요부분에 약정을 하고 그 대가로서 금원을 지급하는 것에 관해 당사자의 합의가 이뤄진 날을 의미한다. 즉, '구체적 약정을 하거나 계약금의 일부가 입금된 날'이 '계약 체결일'이 된다(대법원 2005다39594, 민법 제563조). 하지만 기존 개업공인중개사들 중에 일부가 '계약서를 작성하는 날'을 부동산거래신고 시 기준일로 알고 거래신고를 하는 경우, 지방자치단체에서는 해당 개업공인중개사에게 거짓신고, 지연신고 등으로 과태료를 부과하고 있다.

따라서 위 내용에서 계약 체결일인 5월 1일이 부동산거래신고 시 기준일이 된다. 계약서 작성 시 매도, 매수인 인적사항 위에 날짜를 적을 때는 5월 1일로 기재해야 한다. 즉, '계약 체결일'='부동산거래신고 기준일'='중개대상물 광고 거래완료일'='계약서상의 날짜'가 된다.

이때, 반드시 계약서 특약에 '계약 체결일은 5월 1일이며, 계약금 중 일부 1,000만 원을 입금했다. 5월 8일 양 당사자가 만나서 계약서와 중개대상물확인설명서에 서명했으며, 나머지 계약금 3,000만 원을 입금했다. 공제증서도 발행해드렸다'라고 기재해야 한다.

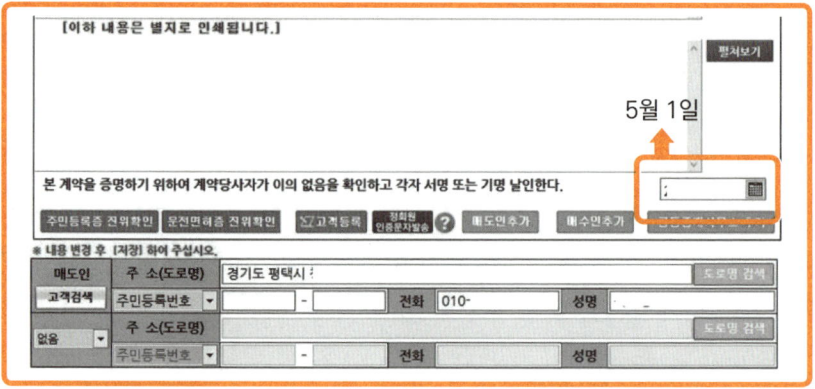

출처 : 한방거래정보망 거래계약서

하지만 한국공인중개사협회에서는 동일 사안에 대해서 계약서상의 작성일을 5월 8일로 기재하며, 계약서 특약에 '계약 체결일은 5월 1일이며 계약금 중 일부 1,000만 원을 입금했다. 5월 8일 양 당사자가 만나서 계약서와 중개대상물확인설명서에 서명했으며 나머지 계약금 3,000만 원을 입금했다. 공제증서도 발행해드렸다'라고 공지하고 있다. 이때 실거래신고일은 5월 1일이며 등기소의 등기원인일도 5월 1일이 된다. 단 계약서상의 작성일이 5월 8일로 되어 있기에 등기관의 재량으로 반려되는 경우 계약서상의 특약에 계약 체결일이 5월 1일로 기재되어 있음을 이유로 사유를 소명해야 한다.

이처럼 최근에 계약 체결일과 계약서상의 작성일이 문제된 이유는 2005년부터 시군구청마다 부동산이상거래감시단을 조직해서 다운계약이나 불법증여 등을 잡아내면서 문제가 불거졌다. 특히 2021년 부동산가격이 급등하자 문재인 정부에서 부동산거래감시단을 이용해 대대적인 단속을 실시하면서, 기존 공인중개사들의 거래관행과 실제 법 사이의 문제를 단속하다 보니 이러한 사례가 발생한 것이다.

(사례 1) ㄱ씨는 아파트 매매계약을 체결하면서 2020년 7월 28일 가계약금 2,000만 원을 입금받고 8월 7일 당사자 간 매매계약서를 작성·교부한 후 9월 2일 부동산거래신고를 완료했다. 이 과정에서 계약 체결일을 '가계약금 입금일'이 아닌 '매매계약서' 작성 교부일로 착오해 가계약금 입금일로부터 30일이 지나 지연 신고를 했다. 이에 관할 지자체는 지연 신고 과태료를 회피할 목적으로 거짓 신고를 했다며 ㄱ씨에게 매매대금의 2%인 2,200만 원의 과태료를 부과했다.

(사례 2) 공인중개사 ㄴ씨는 실거래가 13억 원의 부동산을 중개한 후 지자체에 부동산거래를 신고하면서 '계약 체결일'을 '가계약금 입금일'이 아닌 '매매계약 체결일'로 신고했다. 이에 관할 지자체는 가계약금 입금 시 계약 성립요건을 갖췄는지 여부 등에 대한 구체적인 사실관계 확인 없이 ㄴ씨가 거짓 신고를 했다며 ㄴ씨에게 과태료 2,600만 원을 부과했다.

[참고] 국민권익위원회 보도자료, '부동산거래 신고기준일 명확히 해 과태료 부과 혼선 줄인다.', 경제제도개선과, 2023. 3. 17.

부동산 교환계약서

　부동산 교환은 서로 필요한 부동산을 맞바꿔 차액만 주고받는 거래 방식이다. 교환계약은 기준이 되는 가치평가가 정확하지 않고, 거래당사자 사이의 주관적인 개입·선입견이 강하게 작용하며, 임차인이 있는 경우 보증금 반환문제와 점포의 경우 권리금 산정, 양도세 신고, 거래가격을 낮은 가격으로 신고하는 경우 증여세 문제가 발생하기도 하므로 주의해야 한다.

부 동 산 교 환 계 약 서

교환인 "갑"과 "을"(이하 "부동산의 표시"도 같다) 쌍방은 아래 표시 부동산에 관하여 다음 계약 내용과 같이 교환계약을 체결한다.

1. 부동산의 표시

갑	소 재 지				
	평 가 액	금		승계채무액	금
	순 가 액	금			
을	소 재 지				
	평 가 액	금		승계채무액	금
	순 가 액	금			

2. 계약내용

제1조 위 부동산의 교환에 있어 (   )의 소유자는 (   )의 소유자에게 상기 교환물건의 순가액의 차액(이하 '교환대금')을 아래와 같이 지급하기로 한다.

교환대금	금	원정		
계 약 금	금	원정은 계약시 지급하고 영수함.	영수자( )	(인)
중 도 금	금	원정은	년 월 일 지급하며	
잔 금	금	원정은	년 월 일 지급한다.	

제2조 (소유권 이전 등) "갑"과 "을"은 교환대금의 잔금 수령 및 지급과 동시에 소유권 이전 등기에 필요한 모든 서류를 상대방에게 넘겨주고 "갑"과 "을"은 부동산을 각각 인도한다.
제3조 (제한물권 등의 소멸) "갑"과 "을"은 위 부동산에 설정된 저당권, 지상권, 임차권 등 소유권의 완전한 행사를 제한하는 사유가 있거나, 제세공과금 기타 부담금의 미납금 등이 있을 때에는 잔금 수령일 까지 그 권리의 하자 및 부담 등을 제거하여 완전한 소유권을 "갑"과 "을"에게 이전한다. 다만 승계하기로 합의하는 권리 및 금액은 그러하지 아니하다.
제4조 (지방세 등) 위 "갑"과 "을" 부동산에 관하여 발생한 수익의 귀속과 제세공과금 등의 부담은 위 부동산의 인도일을 기준으로 정하되, 지방세의 납세의무 및 납부책임은 지방세법의 규정에 따른다.
제5조 (계약의 해제) "갑"과 "을"은 중도금(중도금이 없는 경우 잔금)을 지급하기 전까지 계약금의 배액상환과 계약금을 포기하고 이 계약을 해제할 수 있다. 단 등가 교환일 경우 계약해제는 별도 약정에 따른다.
제6조 (채무불이행과 손해배상) 계약당사자가 본 계약상의 내용에 대하여 불이행이 있을 경우 그 상대방은 불이행한자에 대하여 서면으로 최고하고 계약을 해제할 수 있다. 그리고 계약당사자는 계약해제에 따른 손해배상을 각각 상대방에게 청구할 수 있으며, 손해배상에 대하여 별도의 약정이 없는 한 계약금을 손해배상의 기준으로 본다. 단 등가 교환일 경우는 별도 약정에 따른다.
제7조 (중개보수) 개업공인중개사는 계약당사자가 본 계약을 불이행함으로 인한 책임을 지지 않는다. 또한, 중개보수는 위 평가액 중 큰 금액(거래가액)을 기준으로 본 계약체결과 동시에 계약당사자 쌍방이 각각 지급하며, 개업공인중개사의 고의나 과실없이 본 계약이 무효·취소 또는 해제되어도 중개보수는 지급한다. 공동중개인 경우 "갑"과 "을"은 자신이 중개 의뢰한 개업공인중개사에게 각각 중개보수를 지급한다.(중개보수는 거래가액의 _____%로 한다.)
제8조 (중개대상물확인·설명서 교부 등) 개업공인중개사는 중개대상물 확인·설명서를 작성하고 업무보증관계증서(공제증서 등) 사본을 첨부하여 계약체결과 동시에 거래당사자 쌍방에게 교부한다.

특약사항 _____
_____
_____

본 계약을 증명하기 위하여 계약 당사자가 이의 없음을 확인하고 각각 서명·날인 후 교환인("갑"·"을") 및 개업공인중개사는 매장마다 간인하여 각각 1통씩 보관한다.   년   월   일

교환인 갑	주 소					
	주민등록번호		전 화		성 명	(인)
	대 리 인	주소		주민등록번호		성 명
교환인 을	주 소					
	주민등록번호		전 화		성 명	(인)
	대 리 인	주소		주민등록번호		성 명
개업공인중개사	사무소재지			사무소재지		
	사무소명칭			사무소명칭		
	대 표	서명및날인	(인)	대 표	서명및날인	(인)
	등록번호		전화	등록번호		전화
	소속공인중개사	서명및날인	(인)	소속공인중개사	서명및날인	(인)

KAR 한국공인중개사협회

출처 : 한국공인중개사협회(www.kar.or.kr) 정보마당-부동산관련서식

부동산 동업계약서 작성

고액 부동산에 투자하는 경우 개인이 하기에는 무리가 있다. 법인을 설립해서 회사에 모든 것을 위임하거나, 투자자 간에 동업계약을 하는 경우가 많다. 토지 상가 주택 등 부동산 동업계약서를 작성할 때 중요한 것은 다음과 같다.

1. 출자자금
2. 설립일
3. 대표선임
4. 지분율(합계 100%)

동업계약서(토지 상가 주택)가 있어야 사업자등록을 할 수 있다. 부동산 임대사업자등록 시 동업계약서와 신분증, 인감증명서가 필요한데 이 중 가장 중요한 동업계약서를 작성해야만 사업자등록을 신청할 때 문제가 없다. 만약 동업계약서를 잘못 기재하면 사업자등록을 할 수 없고 정정해서 다시 제출해야 한다.

앞서 설명했듯이

1. 출자자금은 0원일 수도 있고 각자 출자하는 금액을 쓰면 된다. 새롭게 매입하는 경우는 출자자금이 있지만 기존에 있던 토지나 상가 주택 등은 출자자금이 없을 수도 있다. 만약 출자자금이 없다면 0원이라고 기입해야 한다(또는 없음).
2, 3. 설립일을 설정하고 대표를 선임해야 하며,
4. 지분율은 각 동업인들 간에 100%를 맞춰야 한다.

이상 토지 상가 주택 부동산 동업계약서의 예를 제시하니 필요한 경우 수정해서 사용하면 될 것이다.

[동업계약서]

동업인들은 경기도 ○○시 ○○읍 ○○○번지 소재의 임대차계약에 대해서 다음과 같은 계약을 체결한다.

제1조(비용) 동업인 1과 동업인 2는 토지지목변경, 인허가비용, 공사비용 등 일체 필요한 비용을 각각 ○○%씩 지불한다. 단, 지출한 영수증은 보관하고 각 동업인들이 필요시 열람해줘야 한다.

제2조(임대차) 동업인 1 ○○○은 임대차계약 시 각 동업인들의 동의를 얻어 대표자로서 임대차를 계약 및 진행한다. 또한 임대료도 수취한다.

제3조(이익분배) 동업인 1 ○○○과 동업인 2 ○○○이 지출한 비용을 모두 상쇄할 동안은 임대료를 각각 ○○% 분배해 가져가고, 그 이후에는 동업인들 각각의 지분만큼 분배한다.

제4조(세금) 동업인 1 ○○○과 동업인 2 ○○○이 지출한 비용을 모두 상쇄할 동안은 세금을 각각 ○○% 분담하며, 그 이후에는 동업인들 각각의 지분만큼 분담한다. 세금을 분담하지 않을 시 임대료에서 공제할 수 있다. 단, 지출한 비용을 모두 상쇄하기 전이라도 임대료와 상관없는 부가가치세, 재산세 등은 각각의 동업인들이 지분만큼 분배한다.

제5조(보증금) 동업인 1과 동업인 2는 각각 ○○%씩 임대 보증금을 분배하며 계약이 종료될 때 임차인에게 각각 지급해야 한다.

제6조(종료) 임대차계약이 해지되거나 종료된 경우 보증금을 임차인에게 반환해야 한다. 본 동업계약은 동업인들이 종료를 원할 경우만 종료한 것으로 본다.

제7조(보증금 및 임대료) 보증금 및 임대료(부가가치세포함)는 ○○○의 계좌로 받는다.

제8조(출자자금) 출자자금은 ○○○○원으로 한다.

제9조(설립) 설립일은 20○○년 ○월 ○일로 한다.

제10조(지분율) 동업인 1과 3은 각각 ○○○%, 동업인 2는 ○○%, 동업인 4는 ○○%로 한다(지분율 합계는 100%).

제11조(관할법원) 분쟁이 있는 경우 해당 토지 주소지 법원을 관할법원으로 한다.

제12조(기타) 기타 동업인들 간의 문제는 민법 등 법률과 일반 관례에 따라 정한다.

이상의 계약을 준수하기 위해 동업인들 간에 계약서 4통을 작성해 각 1통씩 소지한다.

20   년   월   일

동업인 1

성명 : ○○○ (인감도장)

주민등록번호 :　　　주 소 :

동업인 2

성명 : ○○○ (인감도장)

주민등록번호 :　　　주 소 :

동업인 3

성명 : ○○○ (인감도장)

주민등록번호 :　　　주 소 :

동업인 4

성명 : ○○○ (인감도장)

주민등록번호 :　　　주 소 :

별첨 : 인감증명서

공동중개 시 개업공인중개사가 미리 계약서, 확인설명서에 서명날인하고 현장에 없는 경우

매매계약서 작성 시 개업공인중개사 3명이 공동으로 중개를 했다. 그중 2명이 공동으로 사무소를 사용하고 있는데, 1명이 개인사정으로 미리 계약서와 물건확인설명서에 직접 서명날인하고, 매도인에게 계약서를 작성, 교부할 시에는 현장에 없었다. 이렇게 계약서나 확인설명서에 미리 서명날인했어도 계약서 작성 시 현장에 없었으므로 공인중개사법 위반으로 처벌할 수 있을까?

3인이 공동중개를 한 경우 3인 모두가 거래계약서 및 확인설명서에 서명 및 날인을 하고, 3인 중 1인의 개업공인중개사가 중개대상물에 관한 권리를 취득하고자 하는 중개의뢰인에게 성실·정확하게 설명하며, 작성된 확인설명서 및 거래계약서를 거래당사자에게 교부했다면 거래계약서 작성 시 공동중개를 한 3인 중 1인이 현장에 있지 않더라도 공인중개사법 위반으로 볼 수 없다.

[참조] 국토교통부 2015. 10. 8, 공인중개사법 등 해석사례, 한국공인중개사협회 부동산 정책연구원 연구실, 2017. 9.

소속공인중개사가 현장 안내를 한 경우 계약서와 중개대상물 확인설명서 작성

소속공인중개사가 의뢰인과 현장 안내를 한 경우, 계약서와 중개대상물확인설명서에 서명 및 날인을 해야 한다.

또한 중개대상물확인설명서의 ⑭ 현장안내 소속공인중개사 란에 V를 반드시 표시한다.

하지만 최근 소속공인중개사가 현장 안내를 한 경우, 중개대상물 확인설명서 ⑭ 현장 안내 소속공인중개사란에 V 체크만 하고, 계약서와 중개대상물확인설명서의 소속공인중개사란에 서명 및 날인을 하지 않는 민원이 다수 발생하고 있다.

따라서 소속공인중개사가 현장 안내를 하는 경우 다음 세 군데에 반드시 체크하고, 서명 및 날인을 해야 한다.

1. 계약서의 소속공인중개사란에 서명 및 날인
2. 중개대상물 확인설명서 ⑭ 현장안내 소속공인중개사란에 V 체크
3. 중개대상물 확인설명서의 소속공인중개사란에 서명 및 날인

⑬ 환경조건	일조량	◉ 풍부함 ◉ 보통임 ◉ 불충분 (이유:)		
	소음	◉ 아주 작음 ◉ 보통임 ◉ 심한편임	진동	◉ 아주 작음 ◉ 보통임 ◉ 심한편임
⑭ 현장안내	현장 안내자	☑ 개업공인중개사 ☑ 소속공인중개사 ☐ 중개보조원 ☐ 해당없음	중개보조원 (신분고지 여부)	◉ 예 ◉ 아니오

※ "중개보조원" 이란 공인중개사가 아닌 자로서 개업공인중개사에 소속되어 중개대상물에 대한 현장안내 및 일반서무 등 개업공인중개사의 중개업무와 관련된 단순한 업무를 보조하는 자를 말합니다.
※ 중개보조원은 「공인중개사법」제18조의4에 따라 현장안내 등 중개업무를 보조하는 경우 중개의뢰인에게 본인이 중개보조원이라는 사실을 미리 고지하여야 합니다.

개업(공동) 공인중개사	사무소 소재지			
	사무소 명칭		대표자 명	
	전화 번호	등록 번호	소속공인중개사	(자필 서명)

출처 : 공인중개사법 시행규칙 서식 20호[중개대상물의 확인·설명서 주거용건축물] 및 한방거래정보망 계약서

중개하지 않고 계약서(확인설명서)를 작성·교부해서 타인에게 손해를 입힌 행위

중개업자가 계약서에 본인의 서명을 하든, 서명을 하지 않든 그 계약으로 인해 대출이 실행되어 타인(은행)에게 손해를 입혔다면 해당 중개업자도 손해배상책임이 있다.

대부업을 하는 원고는 2007. 9. 17. 소외 1(임차인)로부터 2006. 4. 30일자 '단독주택 전세계약서'를 담보 목적으로 제공받고, 그에게 1,550만 원을 상환기일 2007. 11. 17까지 이율 48%로 정해 대여했다. 위 전세계약은 임대인인 소외 2와 임차인 소외 1의 전세목적물인 성남구 수성구 태평 3동 지상주택 중 1층 전세보증금이 2,800만 원으로 각 기재되어 있으나, 그 중개인란은 공란으로 되어 있고, 중개대상물확인설명서는 첨부되어 있지 아니했다.

원고는 또 2007. 9. 28. 소외 4(임차인)로부터 2006. 4. 20일자 '단독주택 전세계약서'를 담보목적으로 제공받고 3,000만 원을 상환기일 2007. 12. 28까지 이율 48%로 대여했다. 위 전세계약서는 성남시 중원구 은행동 다세대주택 1층 101호, 전세보증금 5,000만 원으로 기재되어 있다. 공인중개사인 피고는 2007년 3월 경 소외 4가 임대인 소외

5와의 사이에 맺어진 수기로 작성된 전세계약서와 임대인의 도장을 제시하면서 은행대출을 위해는 정식 계약서가 필요하다는 말을 해 전세계약서를 작성해준바 있는데, 그 후 2007년 9월 초순 소외 4가 임대인의 승낙을 얻었다고 하면서 전세계약서를 다시 작성해달라고 부탁해 계약서를 작성하고 중개인란에 서명날인했고, 중개대상물확인설명서도 작성해준 것이다.

성남시는 피고를 2개 이상의 거래계약서를 작성해 업무 정지 6월의 행정처분을 했고, 소외 4는 2009년 위조된 전세계약서를 담보로 대출을 받아 편취해 징역 1년 6월 판결을 받았다.

중개업자는 중개가 완성된 때만 거래계약서 등을 작성·교부해야 하고 중개를 하지 아니했음에도 함부로 거래계약서 등을 작성·교부해서는 아니 된다고 할 것이다.

피고는 소외 4와 그 내용과 같은 중개를 한 일이 없음에도 불구하고 그 전세계약서에 중개업자로서 서명날인했다. 또 소외 1처럼 서명날인 하지는 아니했으나, 일반 제3자가 이 전세계약서에 대해 중개업자를 통해 그 내용과 같은 전세계약이 체결되었음을 증명하는 것으로 인식하고 이를 전제로 담보를 제공해 금전을 차용하는 등 거래관계에 들어갈 것임을 인식할 수 있었다고 볼 것이다.

(대법원 2010. 5. 13. 선고 2009다78870 판결)

물건지 중개보조원이 진정한 소유자인지 확인하지 못하고 공동중개한 경우, 손해배상책임 여부

부동산중개업자가 고용한 중개보조원이 진정한 소유자인지 확인하지 못하는 등 고의 또는 과실로 거래당사자에게 재산상 손해를 입힌 경우에, 중개보조원과 공동중개한 각각의 개업공인중개사는 불법행위자로서 거래당사자가 입은 손해 모두를 배상할 책임을 진다.

부동산중개업자가 고용한 중개보조원이 고의 또는 과실로 인해 거래당사자에게 재산상의 손해를 발생하게 한 때에는 중개보조원은 당연히 불법행위자로서 거래당사자가 입은 손해를 배상할 책임을 지는 것이고, 그 중개보조원의 업무상 행위는 그를 고용한 중개업자의 행위로 본다고 정함으로써 중개업자 역시 거래당사자에게 손해를 배상할 책임을 지도록 하는 규정이라고 할 것이다.

피고 1, 2는 원고들로부터 이 사건 각 부동산매매계약의 중개를 의뢰받은 부동산중개업자 및 중개보조원으로서 이 사건 매매계약의 중개업무를 수행함에 있어, 매도인 소외인이 이 사건 각 부동산에 관한 등기권리증을 소지하고 있지 않았고, 이 사건 각 부동산에 관한 등기사항증명서에 기재된 소유자의 주소와 소외인의 주민등록증에 기재된 주소가 서로 일치하지 않았으므로, 소외인으로부터 주민등록초본의 제시를 요구해 소외인이 위 등기사항증명서에 기재된 소유자의 주소에서 거주한 적이 있는지를 확인하고, 또한 이 사건 각 부동산에 관한 폐쇄등기부를 열람해 그 기재 내용을 확인해보는 등으로 소외인이 이 사건 각 부동산의 진정한 소유자인지 여부를 면밀히 조사해야 할 주의의무가 있다 할 것임에도, 이를 게을리한 채 피고 1은 중개보조원인 피고 2에게 이 사건 매매계약의 중개업무를 맡긴 채 퇴근해버리고, 피고 2는 소외인의 이름이 등기사항증명서에 기재된 소유자의 이름과 동일한 상황에서 소외인이 과거에 위 등기사항증명서에 기재된 '서울 동대문구 묵동'에서 살았었다고 말하는 것을 듣고는 섣불리 소외인을 이 사건 각 부동산의 소유자라고 믿고 이 사건 매매계약에 관한 중개행위를 한 잘못이 있다. 따라서 이 사건 매매계약을 직접 중개한 피고 2와 그의 사용자이자 중개업자인 피고 1은 이러한 잘못으로 말미암아 원고들이 입은 재산상 손해를 배상할 책임이 있다.

피고 3은 원고들에게 이 사건 각 부동산의 매수를 권유했음은 물론 원고들로부터 그 매매의 중개를 의뢰받고 원고들을 중개업자인 피고 1 등에게 연결해줬으며, 나아가 이 사건 매매계약서를 작성하는 장소와 잔금을 지급하는 장소에 원고들을 동반해 참석했고, 원고들로부터 중개수수료 400만 원을 지급받기도 한 사정 등에 비춰보면, 피고 3의 역할은 단순히 이 사건 각 부동산이 매물로 나왔다는 정보를 원고들에게 고지해준 정도에 그친 것이 아니라 이 사건 매매계약을 알선 또는 중개한 정도에 이르렀다고 봄이 상당하므로, 이와 같이 부동산매매의 알선 또는 중개를 의뢰받은 피고 3으로서는 민법 제681조에 의해 의뢰의 본지에 따라 선량한 관리자의 주의로써 의뢰받은 중개업무를 처리해야 할 의무가 있음에도 불구하고 소외인이 이 사건 각 부동산의 진정한 소유자인지 여부를 확인하지 아니한 채 이 사건 매매계약을 알선 또는 중개한 잘못이 있고, 따라서 피고 3은 이러한 잘못으로 말미암아 원고들이 입은 손해를 배상할 책임이 있다.

  피고들의 불법행위로 인해 원고들이 입은 손해는 소외인을 이 사건 각 부동산의 진정한 소유자로 믿고 이 사건 각 부동산을 매수 취득하기 위해 현실적으로 출연한 돈으로서 매매대금, 중개수수료 및 취득세, 등록세를 포함한 등기비용이 이에 해당한다.

  (대법원 2006. 9. 14. 선고 2006다29945 판결[손해배상])

중개대상물 확인설명 중
권리관계 설명 미흡 판례

중개업자가 계약 체결 후에도 거래당사자의 계약상 의무의 실현에 관여함으로써 계약상 의무가 원만하게 이행되도록 주선할 것이 예정되어 있는 때에는 그러한 중개업자의 행위는 객관적으로 보아 사회통념상 거래의 알선, 중개를 위한 행위로서 중개행위의 범주에 포함된다는 사례다. 따라서 전세권설정 등이 특약에 기재되어 있다면 중개업자는 잔금일에 등기사항전부증명서를 확인하고 전세권설정이 되도록 주선해야 하고, 이에 의뢰자가 손해를 봤다면 손해배상책임이 있다.

2014년 9월경 원고로부터 중개의뢰를 받고 다가구주택의 303호에 관해 임대보증금 4,000만 원, 임대차기간 1년, 전세권설정등기를 특약으로 임대차계약을 체결했다. 계약 체결 시 2억 7,600만 원의 근저당권설정이 있었으나 피고인 공인중개사는 확인설명서상의 권리관계 중 '소유권 외의 권리사항'에 아무런 기재를 하지 않았다. 2014. 11. 17에 전입신고와 확정일자를 받았으나 2014. 11. 6에 이미 세금체납으로 압류등기가 있었고, 이후 경매가 진행되어 원고는 소액임차보증금 1,500만 원만 배분받았다.

임대차계약을 알선한 중개업자가 계약 체결 후에도 보증금의 지급, 목적물의 인도, 확정일자의 취득과 같은 거래당사자의 계약상 의무의 실현에 관여함으로써 계약상 의무가 원만하게 이행되도록 주선할 것이 예정되어 있는 때에는 그러한 중개업자의 행위는 객관적으로 보아 사회통념상 거래의 알선, 중개를 위한 행위로서 중개행위의 범주에 포함된다(대법원 2012다102940, 2005다55008).

따라서 피고는 잔금이 지급되고 전세권설정등기를 할 때까지 선순위 근저당권이 설정되어 있는지 여부 등 원고의 권리확보에 지장을 줄 사정을 성실·정확하게 확인·설명해야 할 주의의무가 있다. 또한 계약 체결 시 근저당권설정 사실을 표기하지 않은 점과 잔금 시 압류등기의 존재유무를 확인하지 않아 원고의 임대차보증금을 회수하지 못한 손해를 배상해야 한다. 단, 원고도 적절한 조치를 취하지 못했으므로 피고의 책임을 70%로 제한한다.

(전주지방법원 2016가단18557)

묵시적 갱신 또는 중도 퇴실 시 중개보수는 누구에게 청구해야 하는지 여부

묵시적 갱신 중 임차인이 이사하는 경우 중개보수는 누구에게 청구해야 할까?

일반적인 임차인의 퇴거 시에는 관례대로 임차인에게 중개보수를 청구한다. 하지만 이것도 단지 관례라서 임대인이 임차인에게 중개보수에 대한 약정을 하지 않았다면 퇴거하는 임차인에게 중개보수를 청구할 수는 없다. 따라서 약정을 하면 약정한 대로, 약정이 없으면 임대인(주인)이 내야 한다.

중개보수는 공인중개사법 제32조(중개보수 등) 제1항에 중개업무에 관해 중개의뢰인으로부터 소정의 보수를 받는다. 다만, 개업공인중개사의 고의 또는 과실로 인해 중개의뢰인 간의 거래행위가 무효·취소 또는 해제된 경우에는 그러하지 아니한다. 또, 공인중개사법 시행규칙 제20조 제1항에 중개에 대한 보수는 중개의뢰인 쌍방으로부터 각각 받으라고 되어 있다.

따라서 묵시적 갱신 시 중개보수는 기존(구) 세입자가 아닌 임대인에게 청구해야 한다. 다만, 기존(구) 세입자와 임대인 간의 별도 약정이 있는 경우에는 그 약정대로 하면 된다. 또한, 중개의뢰를 받은 의뢰인에게만 중개보수를 받을 수 있다는 것도 참고하기 바란다(중개의뢰하지 않은 거래당사자에게는 중개보수 청구가 불가능하다).

중개보수를 일방이 모두 부담해도 되는지 여부

　각자 부담해야 할 중개보수를 일방이 모두 부담하는 경우가 많다. 일명 아쉬운 사람에게 덤터기 씌우기다. 또한 계약 해지의 일방당사자에게 중개보수를 부담시키는 경우도 있다. 중개보수만 그런 것이 아니고 세금도 일방에게 부담하게 하는 경우도 있다. 그렇다면 중개보수 일방 부담은 가능할까?

　일방이 중개보수를 모두 부담해도 된다. 중개보수는 중개의뢰인 쌍방으로부터 각각 받는 것이 원칙이나, 거래당사자가 협의해서 각각 부담해야 할 중개보수를 일방이 전부 부담할 경우라도 법정 중개보수를 초과하지 않는다면 중개사법 위반이 아니다.

　(국토교통부 유권해석 2014. 12. 30.)

중개보수 초과수수로 인한 행정처벌

 2023년에 임차인에게 초과보수를 받았고, 최근 민원제기로 인해 행정관청으로부터 업무 정지 3개월을 받았다. 그러나 행정관청에서 별도 경찰로 사건을 이첩했다고 한다. 추후 재판에서 벌금형이 나올 경우 공인중개사법에 의한 처벌은 어떻게 되는가.

 공인중개사법에서는 금지행위로서 중개보수의 초과수수를 엄격히 금지하고 있다. 최근 초과중개보수로 인한 행정처분이 증가하고 있어 주의가 필요하다. 공인중개사법 제33조(금지행위) 사례·증여 그 밖의 어떠한 명목으로도 제32조(중개보수)에 따른 보수 또는 실비를 초과해서 금품을 받는 행위에 해당하므로 같은 법 제38조 ②에 해당하는 등록 취소할 수 있는 경우에 해당한다. 또 동법 제49조에 의해 1년 이하의 징역과 1,000만 원 이하의 벌금에 처해진다.
 따라서 현 3개월 업무 정지 외에 벌금 300만 원 이상을 처벌받는다면 동법 제10조에에 따라 300만 원 이상의 벌금이 선고되는 경우 개설등록이 취소된다. 또한 동법 제35조에 의해 금고 이상의 형(집행유예포함)을 선고받는 경우 공인중개사 자격이 취소된다.

이에, 업무 정지 이외에 추가 행정처벌을 받지 않기 위해서는 벌금이 300만 원 이하가 나오도록 해야 한다. 이 점에 유의해서 재판을 진행하야 하며, 재판에 직접 출석해서 깊이 반성하는 모습을 보일 필요가 있다. 또한 재판부에 반성문을 제출하는 노력이 필요하다.

중개보수 특약 시 부담 여부와 보증금 차이가 있을 때 어느 것을 기준으로 내야 하는지

임대차계약 시 중개보수 부담 특약에 '만기 전 퇴실 시 임대인에 대한 중개보수는 세입자가 부담한다'라는 내용이 적혀 있다. 계약 후 5개월 만에 이사를 가게 되었는데, 특약대로 새로운 세입자를 구하면 임대인에 대한 중개보수를 나가는 세입자가 부담해야 하는지와 현재 보증금은 2억 8,000만 원인데, 새로운 임대차계약은 3억 2,000만 원이라면 위 두 금액 중 어느 금액을 기준으로 중개보수를 부담해야 하는지 알아보자.

특약에 합의를 했으므로 임대인의 중개보수를 나가는 세입자가 부담해야 한다. 그리고 중개보수는 현 보증금을 기준으로 하지 않고 새로운 계약의 보증금인 3억 2,000만 원을 기준으로 계산하면 된다.

가끔 특약에 '현 보증금의 중개보수만 지급하기로 한다'라고 합의했다면, 2억 8,000만 원에 대한 중개보수만 지급하면 된다.

[참조] 알아두면 좋은 주택임대차 상담사례집, 19page, 서울특별시, 2017. 12.

중개보수를 못 받았는데 어떻게 청구 가능한지

중개보수를 받지 못했다면 법원에 지급명령신청(독촉절차) 또는 민사소송(소액, 단독재판)을 통해 청구 가능하다.

부동산중개행위는 중개업자가 거래당사자 사이의 매매·교환·임대차 기타 권리의 득실·변경에 관한 행위를 알선하는 것으로서, 중개업자는 중개대상물에 대한 계약 체결이 완료되어야 비로소 중개의뢰인에게 중개수수료를 청구할 수 있고, 중개행위가 목적을 달성하지 못한 채 종결된 경우에는 중개행위의 처리비율에 따른 중개수수료를 청구할 수 없는 것이다.

(대법원 4289민상81, 90다18968)

부동산중개업자의 중개행위로 인해 계약이 거의 성사 단계에 이르렀으나 중개의뢰인과 상대방이 중개 수수료를 면할 목적으로 부동산중개업자를 배제한 채 직접 계약을 체결하거나, 부동산중개업자가 계약 성립에 결정적인 역할을 했음에도 그의 책임 없는 사유로 중개행위가 중단되어 부동산중개업자가 최종적인 계약서 작성에 관여하지 못했다는 등의 특별한 사정이 있는 경우에는 민법 제686조(수임인의 보수청구권) 제

3항 '수임인이 위임사무를 처리하는 중에 수임인의 책임 없는 사유로 인해 위임이 종료된 때에는 수임인은 처리한 사무의 비율에 따른 보수를 청구할 수 있다'라는 취지와 거래상의 신의성실의 원칙 등에 비춰 부동산중개업자가 중개의뢰인에 대해 이미 이뤄진 중개행위의 정도에 상응하는 중개수수료를 청구할 수 있다고 봄이 상당하다.

(제주지법 2015가단4299)

개업공인중개사가 확인·설명의무를 게을리해서 매매계약이 해제된 경우 이미 수령한 중개보수는 반환해야 하고 매수인에게 재산상의 손해를 발행하게 한 때에는 그 손해를 배상할 책임이 있다.

(대구지법 86가집1663)

중개보수를 못 받은 경우 ① 독촉절차(지급명령신청), ② 민사소송 중 선택하면 된다. 계약서 등 서류가 명확한 경우 독촉절차를 진행하고 상대방의 주소를 모르거나 채무에 대해 상호 다툼이 있는 경우는 민사소송으로 진행해야 한다. 독촉절차의 장점은 법정 출석 없이 서류심사만으로 가능하고, 신속하며, 수수료, 송달료 등 비용이 저렴하고 판결과 같은 효력이 있다는 것이다. 독촉절차(지급명령신청)는 중개보수를 받지 못한 많은 개업공인중개사들에게 유리하며, 지급명령이라는 형식의 재판을 함으로써 진행된다. 독촉절차에 따라 지급명령신청서와 당사자표시를 법원에 제출하면 된다.

지급명령신청서

채권자 (이름) 이중개 (주민등록번호 780201 - 0000000)
　　　　(주소) 서울시 ○○구 ○○번길 ○○, 101동 1001호
　　　　(연락처) 010-9999-2222

채무자 (이름) 안준노 (주민등록번호 610101 - 0000000)
　　　　(주소) 서울시 ○○구 ○○로1길○○, 1201동 303호

청구취지
채무자는 채권자에게 아래 청구금액을 지급하라는 명령을 구함.
 1. 금 1,200,000원
 2. 위 1항 금액에 대해 이 사건 지급명령정본이 송달된 다음 날부터 갚는 날까지 연 15%의 비율에 의한 지연손해금

독촉절차비용
금 ××××××원(내역 : 송달료 ××××원, 인지대　　　원)

청구원인
1. 서울시 ○구 ○동 ○번지 ○동 ○호 매매계약을 ○월 ○일 한 후 잔금을 ○월 ○일 완료했으나 잔금 시 지급하기로 한 중개보수 1,200,000원의 지급을 거부하고 있음.

첨부서류
1. 매매계약서 1부
2. 실거래가신고서 1부
3. 중개대상물확인설명서 1부
4. 중개보수요율표 1부

　　　　　　　　　　20××. ××. ××.
　　　　　채권자 이중개 (날인 또는 서명) (연락처 010-9999-2222)
　　　　　　　　　　지방법원 귀중

◇ 유 의 사 항 ◇
1. 채권자는 연락처란에는 언제든지 연락 가능한 전화번호나 휴대전화번호(팩스번호, 이메일 주소 등도 포함)를 기재하기 바랍니다.
2. 이 신청서를 접수할 때에는 당사자 1인당 6회분의 송달료를 현금으로 송달료 수납은행에 예납해야 합니다.

당사자표시

채권자　(이름) 이중개　　(주민등록번호 780201 - 0000000)
　　　　　(주소) 서울시 ○○구 ○○번길 ○○, 101동 1001호
　　　　　(연락처) 010-9999-2222

채무자　(이름) 안준노　　(주민등록번호 610101 - 0000000)
　　　　　(주소) 서울시 ○○구 ○○로1길○○, 1201동 303호

청구취지
채무자는 채권자에게 아래 청구금액을 지급하라는 명령을 구함.
 1. 금 1,200,000원
 2. 위 1항 금액에 대해 이 사건 지급명령정본이 송달된 다음 날부터 갚는 날까지 연 15 %의 비율에 의한 지연손해금

독촉절차비용
　금 xxxxx원(내역 : 송달료 xxxx원, 인지대　　　원)

청구원인
1. 서울시 ○구 ○동 ○번지 ○동 ○호 매매계약을 ○월 ○일 한 후 잔금을 ○월 ○일 완료했으나 잔금 시 지급하기로 한 중개보수 1,200,000원의 지급을 거부하고 있음.

간이과세자(세금계산서 발급사업자)는 몇 %의 부가가치세를 소비자에게 청구해야 할까?

한방거래정보망을 보면 중개대상물확인설명서 마지막 페이지에 중개보수와 부가가치세를 체크하게 되어 있다. 간이, 간이(4%), 일반(10%)으로 되어 있는데, 이 중에서 간이과세자(세금계산서 발급사업자)는 몇 %의 부가가치세를 소비자에게 청구해야 하는지 알아보자.

[서식] 한방거래정보망의 중개대상물확인설명서상의 중개보수 부가가치세

출처 : 한방거래정보망의 중개대상물확인설명서

[사업자등록증]

사 업 자 등 록 증
(간이과세자 - 세금계산서 발급사업자)
등록번호 : 774-33-00

상 호 : 공인중개사 사무소
성 명 :   생 년 월 일 : 197 년   월   일
개 업 연 월 일 : 2017년   월   일
사 업 장 소 재 지 : 경기도
사 업 의 종 류 : [업태] 부동산업   [종목] 부동산 중개,컨설팅

출처 : 저자 제공

사업자는 과세구간에 따라 간이과세자, 간이과세자(세금계산서 발급사업자), 일반사업자 등 3종류가 있다. 최근 LH 전세로 인한 계약에서 LH의 대리 법무법인이 세금계산서 발급이 가능한 간이사업자의 중개보수 부가가치세는 4%라면서 공인중개사에게 요구한 사실이 있다. 간이사업자라도 세금계산서 발급이 가능한 사업자는 부가가치세가 4%가 아니라 10%다. 따라서 간이과세자 중 세금계산서 발급사업자와 일반사업자는 10%의 부가가치세를 소비자(LH)에게 요구할 수 있다.

해당 민원은 간이과세자 세금계산서 발급사업자는 상대방에게 몇 %의 부가가치세가 적용되는지에 대한 문의로 판단되어 다음과 같이 알려드린다. 부가가치세법상 부가가치세법 제30조 세율 부가가치세의 세율은 10%로 하는 것으로 확인된다.

[참조] 1. 국세청 중부지방국세청 평택세무서 부가가치세과(처리기관접수번호 2AA25040518993)

2. 최신개정 주택상가임대차분쟁 상담사례집, 109page, 이승규, 2024.
3. 간이과세자의 부가세문제에 대한 대응정책 및 발전방향 연구, 104~107page, 서성열, 2024 3기 회원정책연구위원회 연구논문집 한국공인중개사협회

다른 공인중개사를 비방하는 사례
(공인중개사의 기본윤리)

아파트 매도의뢰를 같이 받았던 C공인중개사는 해당 H아파트가 매도되어 거래 완료된 사실을 즉시 문자로 통보받고, 바로 매도인과 통화해서 매도사실이 맞는지 확인하며, A공인중개사와 계약된 사실을 알았다. 그 후 H아파트 매도인에게 전화로 "왜 그렇게 집을 싸게 파세요. 그 A부동산이 원래 이 동네에서 싸게 판다고 소문이 자자해요"라며 매도인에게 A부동산 중개사무소를 험담하는 통화를 했다. 이후 H아파트 매도인은 계약서를 작성하러 A공인중개사 사무실에 가서 "사장님이 우리한테 너무 싸게 후려친 것 아니에요? 시세가 그게 맞아요. 너무 속상해요"라며 A공인중개사를 나무랐다. 이처럼 A개업공인중개사를 비방하는 C공인중개사에 대한 처리방법이 있는지 알아보자.

공인중개사들의 권위가 많이 실추되는 사건이 많다. 특히 같은 공인중개사들을 비방하는 민원이 점점 늘고 있어 안타깝다. '공인중개사법 제29조(개업공인중개사 등의 기본윤리) 제1항에는 개업공인중개사 및 소속공인중개사는 전문직업인으로서 지녀야 할 품위를 유지하고 신의와 성실로써 공정하게 중개 관련 업무를 수행해야 한다'라고 규정되어 있다.

이에 한국공인중개사협회의 윤리위원회와 중앙분쟁위원회, 각 지회에 사건을 의뢰하거나, 별도로 명예훼손으로 고소 가능하다.

이중계약서 작성

교회에 다니던 개업공인중개사는 평소 친분이 있던 교회 신자인 매도인의 아파트를 매도했다. 계약서를 작성하고 한참 후에 신자인 매도인이 아파트를 너무 헐값에 팔았다면서 남편에게 보여줄 가짜 계약서를 한 장만 만들어달라고 사정을 했다.

이에 공인중개사는 매도 가격은 4억 5,000만 원이었으나 5억 원으로 거래 계약서를 작성해서 매도인에게 줬다.

잔금을 지급하고도 중개보수를 지급하지 않는 매도인에게 중개보수를 요청했으나, 매도인은 남편에게 너무 헐값에 팔아 혼이 났다면서, 중개보수 지급을 거절했다. 또한 이중계약서를 문제 삼으면서 만약 중개보수를 청구하면 이중계약서와 관련해 민원을 넣겠다고 했다.

공인중개사법 제38조(등록 취소) 거래계약서에 거래금액 등 거래내용을 거짓으로 기재하거나 서로 다른 둘 이상의 거래계약서를 작성한 경우에 해당해서 등록이 취소될 수 있으며, 업무 정지 6개월 행정벌칙에 해당되므로 중개보수를 받지 않고 합의하는 것이 좋겠다.

의뢰인과 직접 거래 1

　A개업공인중개사는 10여 년 전에 아내와 아들을 중개보조원으로 고용했다. 아내와 아들은 실제 중개보조원으로 활동은 하지 않았으며, 급여 등도 지급하지 않았다. 어느 날 아내가 중개보조원이라는 사실은 생각지도 못하고, 아내의 토지를 중개했다. 하지만 매수자는 잔금을 이행하지 않았고, 아내와 매수자 사이에 민형사상 소송에 휩싸였다. 이에 매수자는 A개업공인중개사를 중개보조원인 아내와 직접 거래로 인한 공인중개사법 위반으로 고소했다.

　개업공인중개사는 물론 소속공인중개사, 중개보조원의 물건을 의뢰인과 직접 거래하면 안 된다.
　공인중개사법 제33조(금지행위) 중개의뢰인과 직접 거래하거나 거래 당사자 쌍방을 대리하는 행위에 해당해서 법 제38조, 제39조, 제48조에 의해 등록이 취소될 수 있으며, 업무 정지 6개월, 소속공인중개사인 경우 자격 정지 6개월, 또한 3년 이하의 징역 또는 3,000만 원 이하의 벌금에 해당한다.

의뢰인과 직접 거래 2

개업공인중개사 가족이 부동산을 취득하는 행위라도 명의 대여가 아니면 금지행위에 해당하지 않는다.

중개의뢰인과 직접 거래를 하는 경우 금지행위에 해당되지만, 개업공인중개사의 가족이 부동산을 취득하는 경우는 직접 거래에 해당되지 않는다. 다만, 가족의 명의를 빌려 취득하는 경우(취득 자금이 개업공인중개사인 것이 명확한 경우 등)는 개업공인중개사의 행위로 보아 금지행위에 해당된다.

(대법원 90도1872)

의뢰인과 직접 거래 3

공인중개사법상 중개의뢰인과 직접 거래의 의미는 '중개인이 중개의뢰인으로부터 중개의뢰를 받았다는 점이 전제되어야만 하고, 중개인이 중개의뢰인으로부터 의뢰받은 매매·교환·임대차 등과 같은 권리의 득실·변경에 관한 행위의 직접 상대방이 되는 경우'를 의미한다.

중개인이 토지 소유자와의 사이에 중개인 자신의 비용(지적 분할, 지상물 철거, 도로 개설, 하수관 설치, 접대비, 공과비 등)으로 토지를 택지로 조성해서 분할한 다음 토지 중 일부를 중개인이 임의로 정한 매매대금으로 타인에게 매도하되, 토지의 소유자에게는 그 매매대금의 액수에 관계없이 확정적인 금원을 지급하고, 그로 인한 손익은 중개인에게 귀속시키기로 하는 약정을 한 경우, 이는 단순한 중개의뢰 약정이 아니라 위임 및 도급의 복합적인 성격을 가지는 약정으로서, 중개인이 토지 소유자로부터 토지에 관한 중개의뢰를 받았다고 할 수 없으며, 토지에 대한 권리의 득실·변경에 관한 행위의 직접 상대방이 되었다는 증거도 없기에 의뢰인과의 직접 거래로 보기 어렵다.

(대법원 2004. 11. 12. 선고 2004도5271)

의뢰인과 직접 거래 4

　서울시 강동구에서 부동산 중개사무소를 운영하던 공인중개사 A는 2019년 10월 전세보증금 3억 9,000만 원에 나온 아파트의 전세계약을 체결하면서 임차인을 남편 명의로 작성하고 해당 주택에 실제 거주했다.

　공인중개사법에서 중개업자 등(소속, 중개보조원 포함)이 중개의뢰인과 직접 거래하는 행위를 금지하고 있는 취지는 이를 허용할 경우 중개업자 등이 거래상 알게 된 정보 등을 자신의 이익을 꾀하는 데 이용함으로써 중개의뢰인의 이익을 해하는 일이 없도록 중개의뢰인을 보호하고자 함에 있다.

　1심에서는 전세계약서상의 임차인 명의는 공인중개사 A의 남편이지만, 이들은 부부관계로서 경제적 공동체 관계고, A씨가 해당 아파트에 실제로 거주했으며, 집주인에게 자신이 중개하는 임차인이 남편이라는 사실을 알리지 않았을 뿐만 아니라, 집주인으로부터 중개를 의뢰받고 집주인이 전임차인의 전세금을 빨리 반환해줘야 해서 희망하는 금액보다 적은 금액으로 새로운 임차인을 구한다는 사정을 알고, 자신이 직접 시세보다 저렴한 금액으로 임차하는 이익을 얻었기에 직접 거래 금지 규정의 취지를 정면으로 위배했다고 판결했다.

이에 2심에서는 공인중개사법 위반으로 비난 가능성이 작지 않지만, 특별히 자신의 이익을 꾀하는 반면 중개의뢰인의 이익을 해했다고 볼 만한 사정이 명확하지 않고 A씨가 취득한 경제적 이익이 크다고 볼 수 없다며 벌금 250만 원을 선고했고, 대법원도 이를 확정했다.

(대법원 2021도6910)

중개사무소 건물이 위반건축물일 때

개설등록한 후 해당 중개사무소 외의 부분에 대한 건축법상 위반행위로 인해 위반건축물이 된 경우 중개사무소 개설등록 취소사유에 해당하는지 알아보자.

위반건축물에 따라 취소사유가 발행하는지는 일반건축물과 집합건축물에 따라 달라진다. 집합건축물도 전유부분인지, 공유부분인지에 따라 달라진다.

① 일반건축물의 일부에 중개사무소를 개설등록한 후 해당 중개사무소 외의 부분에 건축법상 위반행위가 발생하여 건축물대장에 위반건축물이라는 표시가 기재된 경우는 공인중개사법 제38조 제2항 제1호에 따른 중개사무소 개설등록 취소사유에 해당한다고 할 것이다.

② 집합건축물의 전유부분 중 일부에 중개사무소를 개설등록한 후 해당 중개사무소 외의 전유부분에 건축법상 위반행위가 발생하

여 건축물대장에 위반건축물이라는 표시가 기재된 경우는 공인중개사법 제38조 제2항 제1호에 따른 중개사무소 개설등록 취소사유에 해당하지 않는다고 할 것이지만,

③ 중개사무소 본인의 전유부분이라면 취소사유에 해당하며,

④ 해당 집합건축물의 공용부분에 건축법상 위반행위가 발생하여 건축물대장에 위반건축물이라는 표시가 기재된 경우는 공인중개사법 제38조 제2항 제1호에 따른 중개사무소 개설등록 취소사유에 해당한다고 할 것이다.

[참고] 법제처 2014. 07. 10., 공인중개사법 등 해석사례, 한국공인중개사협회 부동산정책연구원 연구실, 2017. 09.

중개사의 보증금반환 책임특약 약정 시 공제보험금 지급 여부

개업공인중개사는 전세중개 시 임대인의 거래신용을 확신한 나머지, 임차인의 불안감을 해소하기 위해 계약서 특약에 '전세보증금반환은 공인중개사가 책임진다'라는 특약을 기재했으나, 이후 해당 주택 임대인의 사업 실패로 전세금을 반환해주지 못했다. 이에 임차인은 개업공인중개사의 책임특약에 의한 손해배상재판에서 한국공인중개사협회를 상대로 개업공인중개사가 가입한 공제보험에 보험금을 청구할 수 있을까?

임차인은 개업공인중개사가 가입한 공제보험에 보험금을 청구할 수 없다.

한국공인중개사협회 공제약관 제7조(보상하지 아니하는 손해) 4항 '개업공인중개사의 책임특약에 의한 손해'는 보상을 하지 아니한다고 되어 있기에 위의 사례는 공제보험으로 임차인의 손해를 보상하지 못한다. 단, 계약이나 특약의 구체적인 내용에 따라 법원의 판결이 달라질 수 있다.

참고로, 공인중개사법 제33조의 규정에 의거 개업공인중개사의 금지행위(해당 중개대상물의 거래상의 중요사항에 관한 거짓된 언행 그 밖의 방법으로 중개의 뢰인의 판단을 그르치게 하는 행위, 의뢰인과 직접 거래, 쌍방대리 등)로 정하고 있는 중개행위 등으로 발생한 손해도 공제보험으로 보상이 되지 않는다.

> **공제약관**
> **제7조(보상하지 아니하는 손해)** 협회는 아래의 사유로 인한 손해는 보상하지 아니한다.
> 1. 전쟁, 혁명, 내란, 사변, 테러, 폭동, 천재지변 등 기타 이와 유사한 사태로 생긴 손해에 대한 배상책임
> 2. 법 제14조 제1항 제1호의 규정에 의한 상업용 건축물 및 주택의 임대관리 등 부동산의 관리대행 업무로 인한 손해
> 3. 법 제3조에서 정하고 있는 중개대상물이 아닌 물건이나 권리 등을 거래함으로서 발생한 손해(동, 호수가 특정되지 않은 분양권 등)
> 4. 법 제25조의 규정에서 정하는 개업공인중개사의 중개대상물 확인·설명의무사항 이외의 업무범위를 벗어난 설명 및 개업공인중개사의 책임특약에 의한 손해
> 5. 법 제33조의 규정에 의거 개업공인중개사의 금지행위로 정하고 있는 중개행위 등으로 발생한 손해

중개보조원 고용(종료)
미신고 민원사례

① A중개사무소에서 중개보조원으로 2023. 1. 15부터 근무 후 2023. 5. 20에 퇴사했다. 그런데 해당 중개사무소에서 본인의 고용신고를 2023. 2. 20에 했다고 민원을 제기했다(증빙자료로 대표의 업무지시 및 보수 지급 내역을 첨부, 직원이 직접 신고한 사례).

② 중개보조원 B는 C중개사무소로 전화한 고객에게 응대했으나, 고객이 국가정보포털에서 C중개사무소의 정보검색 결과 중개보조원으로 등록된 직원이 없어 민원을 제기했다(증빙자료로 녹취록 및 문자 내역, 명함 등 첨부, 민원인이 직접 신고한 사례).

③ 중개보조원 D는 대표자와 다툼 후 E중개사무소에서 근무하지 않기로 했고, F중개사무소에서 근무하기로 했으나, E중개사무소 대표가 고용 종료 신고를 해주지 않아 F중개사무소에서 근무를 시작할 수 없게 되자 민원을 제기했다(증빙자료로 E중개사무소 대표와 나눈 문자 내역을 첨부).

> **공인중개사법 시행규칙**
>
> **제8조(개업공인중개사의 고용인의 신고)** ① 개업공인중개사는 소속공인중개사 또는 중개보조원을 고용한 경우에는 법 제34조 제2항 또는 제3항에 따른 교육을 받도록 한 후 법 제15조 제1항에 따라 업무개시 전까지 등록관청에 신고(전자문서에 의한 신고를 포함한다)해야 한다.
>
> ④ 개업공인중개사는 소속공인중개사 또는 중개보조원과의 고용관계가 종료된 때에는 법 제15조 제1항에 따라 고용관계가 종료된 날부터 10일 이내에 등록관청에 신고해야 한다.

[참조] 찾아가는 중개 관련 법령교육, 4~5page, 강남구 부동산정보과, 2024. 5. 28.

소속공인중개사의 서명 및 날인 누락

소속공인중개사 홍길동이 중개의뢰인(매도인)에게 의뢰를 받아서 개업공인중개사인 대표자에게 보고하고, 개업공인중개사인 대표자가 중개의뢰인(매수인)에게 알선 등 계약조건을 협의해 매매계약 일정을 잡았다. 그 후 소속공인중개사 홍길동은 중개의뢰인(매도인)에게 계약 내용 안내 및 일정을 잡아서 매매계약을 성사시킨 후, 중개의뢰인(매도인)이 자신은 소속공인중개사 홍길동이 중개를 했음에도 거래계약서 및 중개대상물 확인·설명서에 소속공인중개사의 서명 및 날인이 누락되었다고 민원을 제기함으로써 개업공인중개사인 대표에게 업무 정지 2개월 8일 처분, 또한 소속공인중개사는 별도로 3개월 자격 정지 처분을 받았다.

행정청에서는 민원인이 소속공인중개사에게 중개를 받았다는 증빙으로 통화녹취 및 문자내역 등을 제출하면, 중개행위가 있었다고 볼 수밖에 없으며, 소속공인중개사의 서명 및 날인 누락으로 행정처분에 따른 다수의 행정심판 및 행정소송 사례가 있으나, 소속공인중개사가 중개의뢰인과 접촉이 있는 경우 중개행위가 있었다고 판단하고 있어, 소속공인중개사가 중개의뢰인과 접촉(전화 및 문자, 대면 등)했다면 소속공인중개사의 서명 및 날인은 필수사항이다.

> **공인중개사법**
> **제25조(중개대상물의 확인·설명)**
> ④ 제3항에 따른 확인·설명서에는 개업공인중개사(법인인 경우에는 대표자를 말하며, 법인에 분사무소가 설치되어 있는 경우에는 분사무소의 책임자를 말한다)가 서명 및 날인하되, 해당 중개행위를 한 소속공인중개사가 있는 경우에는 소속공인중개사가 함께 서명 및 날인해야 한다.
> **제26조(거래계약서의 작성 등)**
> ② 제25조 제4항의 규정은 제1항에 따른 거래계약서의 작성에 관해 이를 준용한다.

[참조 및 인용] 찾아가는 중개 관련 법령교육, 6~7page, 강남구 부동산정보과, 2024. 5. 28.

카페나 온라인에서 개업공인중개사의 중개를 제한하는 행위
(부동산거래질서교란행위)

　2021년부터 부동산 경기가 수직으로 상승할 때, 근처 일부 공인중개사들을 속된 말로 '가두리'라고 부르면서 아파트 부녀회나 입주민들, 일부 개업공인중개사(중개보조원)들이 특정 온라인 카페에서 특정 개업공인중개사에게는 물건을 내놓지 말자고 단합하는 경우가 있었다. 이처럼 중개행위를 제한하거나 유도하는 경우 처벌이 가능한지 알아보자.

　공인중개사법 제33조(금지행위) ② 1. 안내문, 온라인 커뮤니티 등을 이용하여 특정 개업공인중개사 등에 대한 중개의뢰를 제한하거나 제한을 유도하는 행위에 해당한다. 따라서 동법 제48조(벌칙) 다음 각 호의 어느 하나에 해당하는 자는 3년 이하의 징역 또는 3,000만 원 이하의 벌금에 처한다(제33조 제2항 각 호의 규정을 위반한 자)에 해당하여 형사처벌을 받는다. 2020년 978건, 2021년 373건 등 매년 부동산거래질서교란행위가 발생하고 있다(국토교통부). 특히 2021년에 평택시에서 부동산거래질서교란행위로 이슈가 된 적이 있다. 또한 징역형이나 벌금형만 있어 처벌이 매우 높으니, 일반인은 물론 개업공인중개사(중개보조원 등)

도 주의가 필요하다.

부동산거래질서를 위반할 때 신고는 부동산거래질서교란행위 신고센터(https://cleanbudongsan.go.kr)에서 한다.

> **공인중개사법**
> **(제33조 금지행위)**
> ② 누구든지 시세에 부당한 영향을 줄 목적으로 다음 각 호의 어느 하나의 방법으로 개업공인중개사 등의 업무를 방해해서는 아니 된다.
> 1. 안내문, 온라인 커뮤니티 등을 이용하여 특정 개업공인중개사 등에 대한 중개의뢰를 제한하거나 제한을 유도하는 행위
> 2. 안내문, 온라인 커뮤니티 등을 이용하여 중개대상물에 대해 시세보다 현저하게 높게 표시·광고 또는 중개하는 특정 개업공인중개사 등에게만 중개의뢰를 하도록 유도함으로써 다른 개업공인중개사 등을 부당하게 차별하는 행위
> 3. 안내문, 온라인 커뮤니티 등을 이용하여 특정 가격 이하로 중개를 의뢰하지 아니하도록 유도하는 행위
> 4. 정당한 사유 없이 개업공인중개사 등의 중개대상물에 대한 정당한 표시·광고 행위를 방해하는 행위
> 5. 개업공인중개사 등에게 중개대상물을 시세보다 현저하게 높게 표시·광고하도록 강요하거나 대가를 약속하고 시세보다 현저하게 높게 표시·광고하도록 유도하는 행위

과태료 처분 절차

[표] 과태료 처분 절차

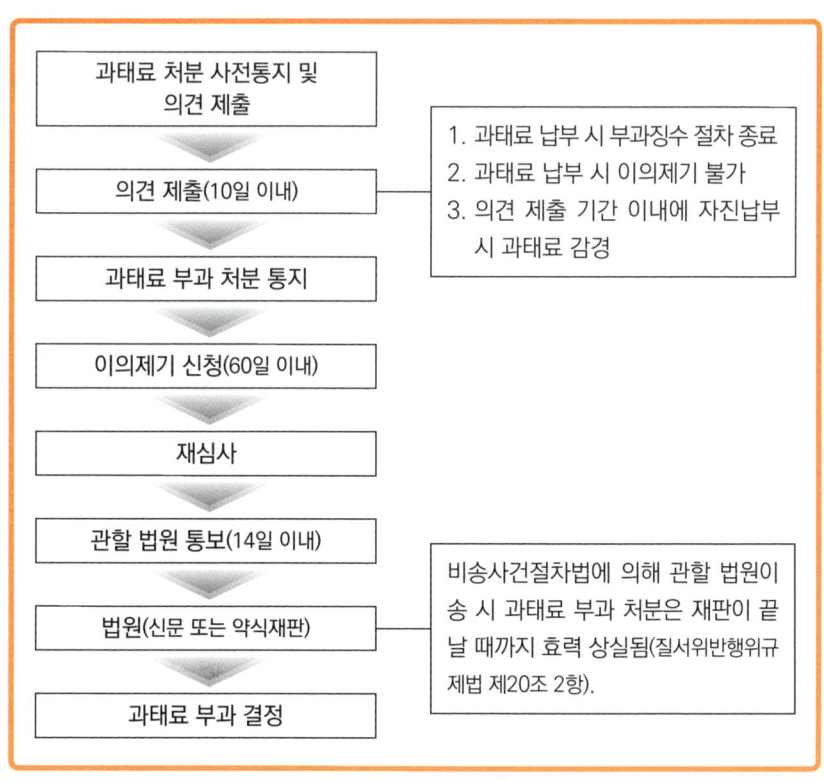

과태료 사전통지 시 감면받거나, 과태료 처분이 내용에 비해 과하다면 이의제기 신청을 통한 재심사를 받아보는 것이 좋다. 이의제기를 신청하면 비송사건절차법에 의해 관할 법원에서 재판이 끝날 때까지 효력이 상실된다.

중개사무실의 게시의무와 현금영수증 스티커 게시

개업 중개사무실에 게시해야 할 것과 현금영수증 스티커도 게시해야 하는지 알아보자.

개업중개사무실은 다음 사항을 반드시 게시해야 한다.

① 중개사무소등록증 원본
② 중개보수·실비의 요율 및 한도액 표
③ 개업공인중개사 및 소속공인중개사의 공인중개사자격증 원본
④ 보증의 설정을 증명할 수 있는 서류
⑤ 사업자등록증
(공인중개사법 시행규칙 제10조)

또한, 소득세법 제162조의3, 제177조에 따라 '현금영수증 의무발급 스티커'를 사무실에 게시해야 한다. 미게시 시 과태료 50만 원에 해당한다(소득세법시행령 별표5 과태료의 부과기준). 스티커는 해당 지역 세무서에서 발급받거나 홈택스에서 출력해서 게시할 수 있다.

현금영수증 미발급 시 50% 과태표가 부과되며, 신고자는 최소 1만 원에서 최대 50만 원까지 포상금(현금영수증 발급 의무 위반자를 신고한 자에 대한 포상금 지급 규정 고시. 국세청고시 제2023-9호)도 지급된다.

▲ 현금영수증 의무발행 가맹점 스티커

출처 : 국세청

공인중개사무소의 직원 퇴직금 지급의무

상시 근로자가 3인인 소규모사업장(공인중개사 사무소)도 1년 이상 일한 중개보조원의 퇴직금 지급의무가 있는지 알아보자.

정규직, 비정규직, 아르바이트 등 상관없이 근로자퇴직급여보장법은 제3조에서 1명 이상의 근로자를 사용하는 모든 사업 또는 사업장에 동법을 적용한다고 규정(다만, 1주일에 15시간 이하로 근무하거나, 동거하는 친족만을 사용하는 사업 및 가구 내 고용활동에는 적용하지 아니한다)하고 있으며, 동법 부칙 제8조에서는 '상시 4명 이하의 근로자를 사용하는 사업에 대해서는 법률 제7379호 근로자퇴직급여보장법 부칙 제1조 단서에 따라 2010년 12월 1일부터 퇴직급여제도가 시행된 것으로 본다'라고 정하고 있다.

따라서 2010. 12. 1부터는 상시 4명 이하의 근로자를 사용하는 사업에 대해도 퇴직급여제도가 적용된다. 다만, 2012. 12. 1 전의 기간은 퇴직금 산정을 위한 계속근로연수에 산입되지 않는다.

[참조] 대한법률구조공단 상담사례

CHAPTER 05

부동산거래전자계약

전자계약서 작성 시 참석하지 않고 비대면으로 서명만 해도 되는지 여부

의뢰인 일방이 타 지역에 있어 계약 시 참석을 못 하는데 부동산거래 전자계약서를 작성하자고 한다. 이처럼 전자계약 시 직접 참석하고 서명해야 하는지, 아니면 참석하지 않고 비대면으로 서명이 가능한지 알아보자.

부동산거래전자계약에서 거래당사자는 공인인증서 또는 본인 명의의 휴대폰 본인 인증으로 거래당사자임을 확인 후 신분증 확인을 하고 전자서명을 한다. 또한 '전자문서 및 전자거래 기본법' 별표3항에 의거 공인중개사의 거래계약서가 전자문서로 인정되고 있으며, '전자서명법' 제2조 제2호에 '전자서명이라 함은 서명자를 확인하고 서명자가 해당 전자문서에 서명했음을 나타내는 데 이용하기 위해 해당 전자문서에 첨부되거나 논리적으로 결합된 전자적 형태의 정보를 말한다'라고 했고, 동법 제3조 3항에 '공인전자서명외의 전자서명은 당사자 간의 약정에 따른 서명, 서명날인 또는 기명날인으로서의 효력을 가진다'라고 했다.

따라서 국토교통부는 전자서명 시 직접 참석을 권고하지만, 직접 참석을 하지 않고 전자서명을 하더라도 문제가 되지는 않는다고 보고 있다.

 하지만, 중개물건은 큰 금액이 성사 및 거래되는 부동산의 특성상 대면하지 않고 타 지역에서 전자서명을 하는 경우, 당사자의 계약거래 진위 여부 등 확인할 방법이 없기 때문에 꼭 직접 보고 당사자의 계약거래 진위 여부 등을 확인할 필요가 있다. 비대면 상태에서의 전자서명은 의심할 여지가 없는, 확실한 신뢰가 가는 당사자 간에만 진행해야 한다.

전자계약서 작성 시 외국인도 가능한지 여부

외국인도 부동산거래 전자계약시스템으로 본인 인증이 가능한지 알아보자.

외국인도 부동산거래 전자계약이 가능하지만, 본인 명의의 스마트폰이 있어야 하며 신분증 확인용으로 외국인등록증이 있어야 한다. 임대차 확정일자 등은 자동으로 부여되지만, 부동산매매 시에는 실거래 신고를 직접 해야 한다. 단, 외국인의 경우 본인 명의의 스마트폰이 있어도 본인 인증을 미리 해보는 것이 좋다. 영문철자 오류 등으로 본인 인증이 안 되는 경우가 많기 때문이다.

전자계약서 작성 시 공인중개사 본인의 건물을 계약해도 되는지 여부

전자계약에서 공인중개사가 임차인이 되어 계약하거나, 본인의 주택이나 상가를 계약해도 되는지 알아보자.

현재 부동산거래 전자계약시스템은 주민등록번호가 중복으로 입력되면 계약은 작성할 수 있으나 계약 생성이 되지 않는다. 따라서 공인중개사가 임차인이 되거나 매도인이 되어 본인의 건물인 주택이나 상가 등을 계약하지는 못한다.

이는 종이로 작성할 때도 마찬가지다. 공인중개사 등(개업공인중개사, 소속공인중개사, 보조원)이 본인 건물을 의뢰자에게 임대나 매매하면 직접 거래로서 중개사법 위반이 되기 때문이다.

CHAPTER 06

행정처분

공인중개사자격증 취소

자격 취소/벌칙 내용	법조문	자격 취소/벌칙
부정한 방법으로 공인중개사의 자격 취득	법 제35조	공인중개사 자격 취소
자기의 성명을 사용해서 중개업무를 하게 하거나 공인중개자격증을 양도 또는 대여, 이를 사용하게 하는 자를 알선한 경우	법 제35조 법 제49조	공인중개사 자격 취소 1년 이하 징역 또는 1,000만 원 이하 벌금
제36조에 따른 자격 정지처분을 받고 그 자격 정지기간 중에 중개업무를 행한 경우(소속공인중개사, 보조원, 법인의 사원, 임원 모두 포함)	법 제35조	공인중개사 자격 취소
이 법을 위반해 금고이상의 형(집행유예 포함)의 선고를 받은 경우		
공인중개사 직무와 관련해 형법 제114조(범죄단체 등 조직), 형법 제231조(사문서 등의 위조, 변조), 형법 제234조(위조사문서 등의 행사), 형법 제347조(사기), 형법 제355조(횡령, 배임), 형법 제356조(업무상의 횡령과 배임)를 위반해 금고이상의 형(집행유예포함)을 선고받는 경우		

공인중개사자격증 시험의 결격사유

결격 내용	법조문
부정한 방법으로 자격증을 취득하고 자격이 취소된 후 5년이 경과되지 아니한 자	법 제4조

중개사무소 개설등록의 결격사유

결격 내용	법조문
미성년자	법 제10조
금치산자 또는 한정치산자	
파산선고를 받고 복권되지 아니한 자	
금고 이상의 실형의 선고를 받고 그 집행이 종료되거나 집행이 면제된 날로부터 3년이 경과하지 아니한 자	
금고 이상의 형의 집행유예를 받고 그 유예기간이 만료된 날로부터 2년이 지나지 아니한 자	
부정한 방법으로 자격증을 취득한 후 자격이 취소된 후 3년이 경과되지 아니한 자	
소속공인중개사 자격이 정지된 자로서 자격 정지기간 중에 있는 자	
개설등록이 취소된 후 3년이 경과하지 아니한 자	
업무 정지처분을 받고 폐업신고를 한 자로서 업무 정지기간이 경과되지 아니한 자	
업무 정지처분을 받은 개업공인중개사인 법인의 업무 정지의 사유가 발생한 당시의 사원 또는 임원이었던 자로서 당해 개업공인중개사에 대한 업무 정지기간이 경과되지 아니한 자	
이 법을 위반해 300만 원 이상의 벌금형의 선고를 받고 3년이 경과되지 아니한 자	
사원 또는 임원 중 위 항목의 어느 하나에 해당하는 자가 있는 법인	
위 항목의 어느 하나에 해당하는 자는 소속공인중개사 또는 중개보조원이 될 수 없다.	

중개사무소 등록 취소

등록 취소/벌칙 내용	법조문	등록 취소/벌칙
개인인 개업공인중개사가 사망하거나 법인이 해산한 경우	법 제38조	등록 취소
결격사유에 해당하는 경우. 다만 그 사유가 발생한 날로부터 2개월 이내에 그 사유를 해소한 경우는 예외 1. 금치산자 또는 한정치산자 2. 파산 선고를 받은 자 3. 금고 이상의 실형을 받은 자 4. 부정한 방법으로 자격을 취득 후 자격이 취소된 자 5. 이 법을 위반하여 300만 원 이상의 벌금형의 선고를 받은 자 6. 사원, 임원으로서 법 제10조 결격사유에 해당하는 법인		
거짓이나 그 밖의 부정한 방법으로 중개사무소의 개설등록을 한 경우	법 제38조 법 제48조	등록 취소 3년 이하 징역 또는 3,000만 원 이하 벌금
이중으로 중개사무소 개설등록을 한 경우	법 제38조 법 제49조	등록 취소 1년 이하 징역 또는 1,000만 원 이하 벌금
다른 개업공인중개사의 소속공인중개사, 중개보조원, 법인의 사원, 임원이 된 경우		

등록 취소/벌칙 내용	법조문	등록 취소/벌칙
다른 사람에게 자기의 성명 또는 상호를 사용해 중개업무를 하게 하거나 중개사무소등록증을 양도 또는 대여, 알선한 경우(법 제19조 사무소등록증대여)	법 제38조 법 제49조	등록 취소 1년 이하 징역 또는 1,000만 원 이하 벌금
중개보조원은 공인중개사(개업+소속)의 합한 수의 5배를 초과할 수 없다.		
업무 정지 기간 중에 중개업무를 하거나 자격 정지처분을 받은 소속공인중개사로 하여금 자격 정지기간 중에 중개업무를 하게 한 경우	법 제38조	등록 취소
최근 1년 이내에 이 법에 의해 2회 이상 업무 정지처분을 받고 다시 업무 정지처분에 해당하는 행위를 한 경우		

중개사무소 등록 취소(선택)/ 업무 정지/벌칙

등록 취소(선택)/업무 정지/벌칙 내용	법조문	등록 취소/업무 정지/벌칙
등록기준에 미달하게 된 경우	법 제38조	등록 취소할 수 있다. 업무 정지 6월
2 이상의 중개사무소를 둔 경우		
임시 중개시설물을 설치한 경우		
겸업을 위반한 경우		
6개월을 초과하여 휴업한 경우		
전속중개 계약 시 중개대상물에 관한 정보를 공개하지 아니하거나 중개의뢰인의 비공개 요청에도 불구하고 정보를 공개한 경우		
거래계약서에 거래금액 등 거래내용을 거짓으로 기재하거나 서로 다른 2 이상의 거래계약서를 작성한 경우		
손해배상책임을 보장하기 위한 조치를 이행하지 아니하고 업무를 개시한 경우		
제33조 제1항 각 호 금지행위를 한 경우 1. 매매를 업으로 하는 행위 2. 개설하지 아니한 자의 중개의뢰, 명의를 이용 3. 초과 보수, 실비 받는 행위 4. 중요사항에 대한 거짓된 언행으로 판단 그르침	법 제38조 법 제39조 법 제49조	등록 취소할 수 있다. 업무 정지 6월 자격 정지 6월(소공) 1년 이하 징역 또는 1,000만 원 이하 벌금

등록 취소(선택)/업무 정지/벌칙 내용	법조문	등록 취소/업무 정지/벌칙
제33조 제1항 각 호 금지행위를 한 경우 5. 양도 알선이 금지된 분양, 임대, 증서 등을 중개 6. 중개의뢰인과 직접 거래하거나 또는 쌍방대리 7. 탈세목적으로 전매금지 부동산중개 8. 거짓거래 완료 등 시세에 부당한 영향을 주는 행위 9. 단체를 구성하여 중개 제한, 공동중개 제한 행위	법 제38조 법 제39조 법 제48조	등록 취소할 수 있다. 업무 정지 6월 자격 정지 6월(소공) 3년 이하 징역 또는 3,000만 원 이하 벌금
최근 1년 이내에 이 법에 의해 3회 이상 업무 정지 또는 과태료의 처분을 받고 다시 업무 정지 또는 과태료의 처분에 해당하는 행위를 한 경우	법 제38조	등록 취소할 수 있다. 업무 정지 6월
개업공인중개사가 조직한 사업자단체(독점규제 및 공정거래법에 관한 법률 제2조 4호) 또는 그 구성원인 개업공인중개사가 독점규제 및 공정거래법에 의한 법률 제26조를 위반해 같은 법 제27조, 28조에 따른 처분을 최근 2년 이내에 2회 이상 받은 경우		

공인중개사 업무 정지

업무 정지 내용	법조문	업무 정지
법 제10조 제2항의 규정을 위반해 동조 제1항 제1호 내지 제11호의 어느 하나에 해당하는 자를 소속공인중개사 또는 중개보조원으로 둔 경우, 다만 그 사유가 발생한 날로부터 2월 이내에 그 사유를 해소한 경우에는 업무 정지 대상에서 제외한다.	법 제39조	업무 정지 6월
인장등록을 하지 아니하거나 등록하지 아니한 인장을 사용한 경우		업무 정지 3월
국토교통부령이 정하는 전속중개계약서에 의하지 아니하고 전속중개계약을 체결하거나 계약서를 보존하지 아니한 경우		업무 정지 3월
거래정보망에 중개대상물의 정보를 거짓으로 공개하는 경우		업무 정지 6월
거래정보사업자에게 공개를 의뢰한 중개대상물의 거래가 완성된 사실을 그 거래정보사업자에게 지체 없이 통보하지 아니한 경우		업무 정지 3월
중개대상물 확인설명서를 교부하지 아니하거나 보존하지 아니한 경우		
중개대상물 확인설명서에 서명·날인을 하지 아니한 경우		
적정하게 거래계약서를 작성교부하지 아니하거나 보존하지 아니한 경우		

업무 정지 내용	법조문	업무 정지
거래계약서에 서명·날인하지 아니한 경우	법 제39조	업무 정지 3월
공무원의 보고, 자료의 제출, 조사 또는 검사를 거부방해 또는 기피하거나 그 밖의 명령을 이행하지 아니하거나 거짓으로 보고 또는 자료를 제출한 경우		
법 제38조 제2항 각 호의 어느 하나를 최근 1년 이내에 1회 위반한 경우		업무 정지 6월
최근 1년 이내에 이 법에 의해 2회 이상 업무 정지 또는 과태료의 처분을 다고 다시 과태료의 처분에 해당하는 행위를 한 경우		
개업공인중개사가 조직한 사업자단체 또는 그 구성원인 개업공인중개사가 독점규제 및 공정거래에 관한 법률 제26조 제1항 제1호를 위반해 같은 법 제27조에 따른 처분을 받은 경우		업무 정지 3월
독점규제 및 공정거래법에 의한 법률 제26조 제1항 제1호를 위반하여 같은 법 제28조에 따른 처분을 받은 경우 또는 같은 법 제27조와 제28조에 따른 처분을 동시에 받은 경우		업무 정지 6월
독점규제 및 공정거래법에 의한 법률 제26조 제1항 제2호 또는 제4호를 위반해 같은 법 제27조에 따른 처분을 받은 경우		업무 정지 1월
독점규제 및 공정거래법에 의한 법률 제26조 제1항 제2호 또는 제4호를 위반해 같은 법 제28조에 따른 처분을 받은 경우 또는 같은 법 제27조와 제28조에 따른 처분을 동시에 받은 경우		업무 정지 2월
독점규제 및 공정거래법에 의한 법률 제26조 제1항 제3호를 위반해 같은 법 제27조에 따른 처분을 받은 경우		
독점규제 및 공정거래법에 의한 법률 제26조 제1항 제3호를 위반해 같은 법 제28조에 따른 처분을 받은 경우 또는 같은 법 제27조와 제28조에 따른 처분을 동시에 받은 경우		업무 정지 4월

업무 정지 내용	법조문	업무 정지
법 제7638호 부칙 제6조 제6항에 규정된 업무 지역의 범위를 위반해 중개행위를 한 경우	법 제7638호	업무 정지 3월
그 밖에 이 법 또는 이 법에 의한 명령이나 처분에 위반한 경우로서 위의 각 호에 해당되지 아니하는 경우	법 제39조	업무 정지 1월

* 사유가 발생한 날로부터 3년이 지난 때에는 이를 할 수 없다.

소속공인중개사 자격 정지

소속공인중개사 자격 정지 내용	법조문	자격 정지
2 이상의 중개사무소에 소속된 경우	법 제36조	자격 정지 6월
인장등록을 하지 아니하거나 등록하지 않은 인장을 사용한 경우		자격 정지 3월
성실정확하게 중개대상물의 확인설명을 하지 아니하거나 설명의 근거자료를 제시하지 아니한 경우		자격 정지 3월
중개대상물 확인설명서에 서명날인을 하지 않은 경우		
거래계약서에 서명날인하지 않은 경우		
거래계약서에 거래금액 등 거래내용을 거짓으로 기재하거나 서로 다른 2 이상의 거래계약서를 작성한 경우		자격 정지 6월
제33조 제1항 각 호 금지행위를 한 경우 1. 매매를 업으로 하는 행위 2. 개설하지 아니한 자의 중개의뢰, 명의를 이용 3. 초과 보수, 실비 받는 행위 4. 중요사항에 대한 거짓된 언행으로 판단 그르침 5. 양도알선이 금지된 분양, 임대, 증서 등을 중개 6. 중개의뢰인과 직접 거래하거나 또는 쌍방대리 7. 탈세 목적으로 전매금지 부동산중개 8. 거짓거래 완료 등 시세에 부당한 영향을 주는 행위 9. 단체를 구성하여 중개제한, 공동중개제한 행위		자격 정지 6월

공인중개사 과태료

과태료 내용	법조문	과태료
성실 정확하게 중개대상물의 확인설명을 했으나 설명의 근거자료를 제시하지 않은 경우	법 제51조	과태료 250만 원
중개대상물 설명의 근거자료는 제시했으나 성실정확하게 확인설명하지 않은 경우		과태료 250만 원
성실정확하게 중개대상물의 확인설명을 하지 않고, 설명의 근거자료를 제시하지 않은 경우		과태료 500만 원
연수교육을 정당한 사유 없이 받지 않은 경우. 그 기간이 1개월 이내인 경우		과태료 20만 원
연수교육을 정당한 사유 없이 받지 않은 경우. 그 기간이 1개월 초과 3개월 이내인 경우		과태료 30만 원
연수교육을 정당한 사유 없이 받지 않은 경우. 그 기간이 3개월 초과 6개월 이내인 경우		과태료 50만 원
연수교육을 정당한 사유 없이 받지 않은 경우. 그 기간이 6개월 초과인 경우		과태료 100만 원
중개사무소 등록증, 중개보수표, 자격증, 공제증서, 사업자등록증을 게시하지 않은 경우		과태료 30만 원
사무소 명칭에 공인중개사 사무소, 부동산중개라는 문자를 사용하지 않은 경우 또는 옥외 광고물에 성명을 표기하지 않거나 거짓으로 표기한 경우		과태료 50만 원

과태료 내용	법조문	과태료
중개사무소의 이전신고를 하지 않은 경우	법 제51조	과태료 30만 원
휴업, 폐업, 휴업한 중개업의 재개 또는 휴업기간의 변경 신고를 하지 않은 경우		과태료 20만 원
손해배상책임에 관한 사항을 설명하지 않거나 관계 증서의 사본 또는 관계 증서에 관한 전자문서를 교부하지 않은 경우		과태료 30만 원
공인중개사자격증을 반납하지 않거나, 사유서를 제출하지 않은 경우 또는 거짓으로 사유서를 제출한 경우		
중개사무소등록증을 반납하지 않은 경우		과태료 50만 원
법 제7638호를 위반해 사무소의 명칭에 공인중개사 사무소의 문자를 사용한 경우	법 제7638호	
현금영수증 미발행	소득세법 제162조, 조세범처벌법 제15조	50% 과태료
부동산 실거래가격 거짓 신고	부동산거래신고에 관한 법 제28조	취득액 0.02~ 0.05배
법 제18조의2 ① 개업공인중개사가 의뢰받은 중개대상물에 대해 표시·광고('표시·광고의 공정화에 관한 법률' 제2조에 따른 표시·광고를 말한다. 이하 같다)를 하려면 중개사무소, 개업공인중개사에 관한 사항으로서 대통령령으로 정하는 사항(명칭, 소재지, 연락처, 등록번호, 성명)을 명시하여야 하며, 중개보조원에 관한 사항은 명시해서는 아니 된다. 〈개정 2014. 1. 28., 2019. 8. 20.〉(시행 2020. 8. 21.) ② 개업공인중개사가 인터넷을 이용해 중개대상물에 대한 표시·광고를 하는 때에는 제1항에서 정하는 사항 외에 중개대상물의 종류별로 대통령령으로 정하는 소재지, 면적, 가격 등(대상물 종류, 거래형태, 총층수, 사용승인날, 방향, 방수, 욕실수, 입주가능일, 주차대수, 관리비)의 사항을 명시해야 한다. 〈신설 2019. 8. 20.〉(시행 2020. 8. 21.)	법 제51조	과태료 50만 원

과태료 내용	법조문	과태료
법 제18조의2 제4항 각호를 위반하는 경우 ④ 개업공인중개사는 중개대상물에 대해 다음 각 호의 어느 하나에 해당하는 부당한 표시·광고를 해서는 아니 된다. 〈신설 2019. 8. 20.〉(시행 2020. 8. 21.) 　1. 중개대상물이 존재하지 않아서 실제로 거래를 할 수 없는 중개대상물에 대한 표시·광고	법 제51조	과태료 500만 원
2. 중개대상물의 가격 등 내용을 사실과 다르게 거짓으로 표시·광고하거나 사실을 과장되게 하는 표시·광고		과태료 300만 원
3. 중개대상물이 존재하지만 실제로 중개의 대상이 될 수 없는 중개대상물에 대한 표시 광고를 한 경우		과태료 400만 원
4. 중개대상물이 존재하지만 실제로 중개할 의사가 없는 중개대상물에 대한 표시 광고를 한 경우(거래 완료 후 광고를 삭제하지 않은 경우도 포함)		과태료 250만 원
5. 중개대상물의 입지조건, 생활여건, 가격 및 거래조건 등 중개대상물 선택에 중요한 영향을 미칠 수 있는 사실을 빠뜨리거나 은폐, 축소하는 방법으로 소비자를 속이는 표시광고를 한 경우		과태료 300만 원
중개업무 시 중개보조원사실 미고지		과태료 500만 원

　가. 부과권자는 다음의 어느 하나에 해당하는 경우에는 제2호의 개별기준에 따른 과태료 금액의 2분의 1 범위에서 그 금액을 줄일 수 있다. 다만, 과태료를 체납하고 있는 위반행위자의 경우에는 그렇지 않다.

　　1) 위반행위가 사소한 부주의나 오류 등 과실로 인한 것으로 인정되는 경우
　　2) 위반행위자가 법 위반행위를 시정하거나 해소하기 위하여 노력한 사실이 인정되는 경우
　　3) 그 밖에 위반행위의 정도, 동기와 그 결과 등을 고려하여 과태

료 금액을 줄일 필요가 있다고 인정되는 경우
나. 부과권자는 다음의 어느 하나에 해당하는 경우에는 제2호의 개별기준에 따른 과태료의 2분의 1 범위에서 그 금액을 늘릴 수 있다. 다만, 법 제51조 제2항·제3항 및 법률 제7638호 부동산중개업법 전부개정법률 부칙 제6조 제5항에 따른 과태료 금액의 상한을 넘을 수 없다.
  1) 위반행위의 내용·정도가 중대해 소비자 등에게 미치는 피해가 크다고 인정되는 경우
  2) 그 밖에 위반행위의 동기와 결과, 위반정도 등을 고려하여 과태료 금액을 늘릴 필요가 있다고 인정되는 경우

벌칙 [1]

벌칙 내용	법조문	벌칙
개설등록하지 아니하고 중개업을 한 자	법 제48조 (법 제33조)	3년 이하의 징역 또는 3,000만 원 이하의 벌금
누구든 시세에 부당한 영향을 줄 목적으로 다음 각 호의 어느 하나의 방법으로 개업공인중개사 등의 업무를 방해해서는 안 된다. 1. 안내문, 온라인 커뮤니티 등을 이용해 특정 개업공인중개사 등에 대한 중개의뢰를 제한하거나 제한을 유도하는 행위 2. 안내문, 온라인 커뮤니티 등을 이용해 시세보다 현저하게 높게 표시광고 또는 중개하는 특정 개업공인중개사 등에게만 중개의뢰를 하도록 유도함으로써 다른 개업공인중개사 등을 부당하게 차별하는 행위 3. 안내문, 온라인 커뮤니티 등을 이용해 특정 가격 이하로 중개를 의뢰하지 아니하도록 유도하는 행위 4. 정당한 사유 없이 개업공인중개사 등의 중개대상물에 대한 정당한 표시광고 행위를 방해하는 행위 5. 개업공인중개사 등에게 시세보다 현저하게 높게 표시광고하도록 강요하거나 대가를 약속하고 시세보다 현저하게 높게 표시광고하도록 유도하는 행위		

벌칙 [2]

벌칙 내용	법조문	벌칙
다른 사람에게 자신의 성명을 사용하여 중개업무를 하게 하거나 공인중개사자격증을 양도·대여한 자 또는 양수·대여받은 자(법 제7조 자격증 대여)	법 제49조	1년 이하의 징역 또는 1,000만 원 이하의 벌금
공인중개사가 아닌 자로서 공인중개사, 부동산중개 또는 유사한 명칭을 사용한 자		
임시 중개시설물을 설치한 자		
중개대상물의 표시광고 시 개업공인중개사가 아닌 자로서 공인중개사 사무소, 부동산중개 또는 이와 유사한 명칭을 사용한 자		
개업공인중개사가 아닌 자로서 중개업을 하기 위해 중개대상물에 대한 표시광고를 한 자		
고객의 업무상 비밀을 누설한 자. 단 고객이 처벌을 원하지 않을 시 처벌하지 아니한다.		

법 제50조 양벌규정
소속공인중개사, 중개보조원, 법인의 사원, 임원이 중개업무에 대해 법 제48조(3년 이하의 징역, 3,000만 원 이하의 벌금), 법 제49조(1년 이하의 징역, 1,000만 원 이하의 벌금)에 해당되는 경우, 그 행위자와 그 개업공인중개사도 규정된 벌금형에 과한다. 다만, 개업공인중개사가 그 위반행위를 방지하기 위해 해당 업무에 상당한 주의와 감독을 한 경우는 예외

CHAPTER 07

민법, 주택임대차보호법, 상가임대차보호법의 비교

민법/주택임대차보호법/ 상가건물임대차보호법의 비교

구분	민법	주택임대차[8]	상가임대차[2]
적용범위	-	주거용 건물의 일부 또는 전부(일시사용 제외. 미등기 전세 가능)	사업자등록의 대상이 되는 건물(일정금액 이하. 단, 교회, 어린이집, 창고, 자선단체 등은 적용 안 됨)
대항력	있음.[4] 민법 622조	주택인도(점유)+전입신고	상가인도(점유)+ 사업자등록[11]
우선변제권	민법 있음.	주택인도(점유)+전입신고 +확정일자	상가인도(점유)+사업자등록 +확정일자[12]
소액보증금[1] (최우선변제)	없음.	주택인도(점유)+전입신고 (보증금이 일정금액 이하만 가능)	상가인도(점유)+사업자등록 (환산보증금이 일정금액 이하만 가능)[13]
최소임대차기간	-	2년	1년
환산보증금	-	보증금만 계산	(보증금+월세×100)
묵시적 갱신 시 임대차기간	전 임대차와 동일	2년	1년
묵시적 갱신 중 해지권	임차인 1개월 임대인 6개월	임차인 통지 후 3개월 후 효력 발생(임대인은 해지권 없음.)(계약갱신요구권 행사 중 해지 포함)	임차인 통지 후 3개월 후 효력 발생(임대인은 해지권 없음.)[9]

구분	민법	주택임대차[8]	상가임대차[2]
계약갱신요구 통보	있음.[4]	계약 만기 6월~2개월[6] (2020년 12월 10일 이전은 만기 6월~1개월)	계약 만기 6월~1개월
계약갱신요구권	10년[4] / 민법 없음.	1회[7]	10년[5]
차임증감청구권	있음.[4] / 민법 있음.[3]	있음. (계약 후 1년 이후)	있음. (계약 후 또는 증액 후 1년 이후)
임대료인상한도	5%(1년 이내 안 됨)[4] / 민법 없음.	5% (1년 이내 안 됨)	5% (1년 이내 안 됨. 감염병에 따른 증액은 감액 전 차임까지 인상 가능[10])
권리금 회수기회 보호	있음.[4]	–	있음.
권리금적용제외	있음.[4]	–	있음.
전대차	있음.	없음.	있음(법 제13조 참조).
임차권승계	–	있음(법 제9조 참조).	없음.
계약 해지	차임연체가 현재 2기 도달했을 때	차임연체가 현재 2기에 도달했을 때	차임연체가 현재 3기에 도달했을 때
계약갱신거절	민법 제639조, 제635조, 제636조 참조	차임연체가 현재 2기에 도달했을 때	차임연체가 과거 3기에 도달한 사실이 있을 때
계약갱신요구권 거절	–	차임연체가 과거 2기에 도달한 사실이 있을 때	–

1) 확정일자를 받은 경우에 해당

2) 20년 9월 29일 상가건물임대차보호법의 개정으로 법 시행 이후 6개월 동안은 차임의 연체로 인한 계약 해지, 계약갱신거절, 권리금 회수기회 보호 제외 사유에 해당하지 않음(2020. 9. 29.~2021. 3. 28까지).

3) 민법 제628조

4) 상가건물임대차보호법 제2조 3항에 의거 환산보증금 초과인 임차인도 적용됨. 단 전대차계약의 전차인은 권리금 회수기회가 없음.

(상임법 제3조 대항력 등) 대항력은 이 법 시행 후 최초로 계약이 체결되거나 갱신되는 임대

차부터 적용함(2015. 5. 13.).
(상임법 제10조의4 권리금 회수기회 보호 등). 권리금 회수기회 보호 등에 관한 적용은 이 법 시행 당시 존속 중인 임대차부터 적용함(2015. 5. 13.).
(상임법 10조 ② 계약갱신청구권) 계약갱신청구권이 가능하나 매번 만기 시 임대인에게 요구해야 함(2018. 10. 16.).
(상임법 10조 ③ 차임인상한도) 차임인상한도는 법 제11조에 따라 5% 이내에서 인상 가능
(상임법 10조 2 차임증감청구권) 차임증감청구권은 5% 이내에서 가능(2018. 10. 16.)
상임법의 환산보증금을 초과하는 임차인은 확정일자를 부여받을 수 없고 우선변제권의 행사 불가

5) 2018년 10월 16일 이후 체결되거나 갱신되는 임대차는 최초 임대차기간부터 전체 10년을 초과하지 아니하는 범위 내에서 행사 가능
6) 임대인과 임차인은 2020년 12월 10일부터는 만기 2개월 전부터 6개월 내에 계약의 변경이나 갱신거절을 통보하지 않으면 전임대차와 동일한 조건으로 갱신됨. 이는 신규 계약이나 갱신되는 계약부터 적용함.
7) 주택의 계약갱신요구권은 20. 7. 31부터 시행되며 법 시행 당시 존속 중인 임대차에 대해도 적용함.
8) 전월세신고제 2021. 6. 1. 시행(유예-신고는 해야 함) 2025. 6. 1부터 적용
9) 상가임대차보호법 제11조2 감염병으로 인한 집합제한, 금지조치를 3개월 이상 받은 임차인은 임대차기간이 남아 있다 하더라도 폐업하는 경우 해지를 통보하면 3개월 후 효력이 발생함(2022. 1. 4.).
10) 상가임대차보호법 제11조 ③ 감염법의 예방 및 관리에 관한 법률 제2조 제2호에 따른 제1급감염병에 의한 경제사정의 변동으로 차임 등이 감액된 후 임대인이 제1항에 따라 증액을 청구하는 경우에는 증액된 차임 등이 감액 전 차임 등의 금액에 달할 때까지는 같은 항 단서를 적용하지 아니함(2020. 9. 29.).
11) 사업자등록을 신청하지 않은 임차인은 대항력 없음. 우선변제권, 최우선변제권 없음, 확정일자 미신청으로 인한 경매 등 많은 불이익이 있으나 1년 이하 계약도 1년임을 주장 가능. 10년간의 계약갱신요구권, 권리금 회수기회 보호 등 다른 상임법 등의 적용은 가능
12) 경공매에서 후순위 권리자보자 우선하여 보증금을 돌려받을 권리. 배당요구 종기까지 대항력을 유지해야 함.
13) 경공매에서 소액보증금 중 일정금액에 대해 다른 담보물권자보다 최우선하여 배당받을 권리(경매 기입등기 전까지 인도+사업자등록, 최초 입찰기일까지 사업자등록유지. 배당요구종기까지 배당요구)

참고 및 인용도서

1. 공인중개사들의 실무 필독서 공인중개사법 쪼개기, 정재진, 한국경제신문i, 2018.
2. 나몰라 임대인 배째라 임차인, 이인덕, 부연사, 2017.
3. 상가주택임대차사건 실무편람, 유재복, 법률정보센터, 2020.
4. 상가임대차 분쟁 솔루션, 황규현, 매일경제신문사, 2017.
5. 주인이 나가래요, 서영천, 한국경제신문i, 2018.
6. 상가임대차상담사례집, 서울특별시, 2019.
7. 부동산 법률상담 사례 및 판례, 한국공인중개사협회, 2019.
8. 부동산 법률상담 사례 및 판례, 한국공인중개사협회, 2021.
9. 부동산 법률상담 사례 및 판례, 한국공인중개사협회, 2025.
10. 2020. 7. 31. 개정 주택임대차보호법해설집, 국토교통부·법무부.
11. 사례로 보는 부동산법률상담, 이인성, 책과 사람들, 2012.
12. 투자 전 꼭 알아야 하는 상가임대차법, 서영천, 매일경제신문사, 2020.
13. 상가임대차 상담사례집, 서울특별시, 2023.
14. 농지민원사례집, 농림축산식품부, 2023.
15. 찾아가는 중개관련 법령교육, 강남구 부동산정보과, 2024.

이것만 알면
전세사기 중개사고 끝

제1판 1쇄 2025년 7월 20일

지은이 이승규
펴낸이 한성주
펴낸곳 ㈜두드림미디어
책임편집 신슬기, 배성분
디자인 노경녀(nkn3383@naver.com)

㈜두드림미디어
등 록 2015년 3월 25일(제2022-000009호)
주 소 서울시 강서구 공항대로 219, 620호, 621호
전 화 02)333-3577
팩 스 02)6455-3477
이메일 dodreamedia@naver.com(원고 투고 및 출판 관련 문의)
카 페 https://cafe.naver.com/dodreamedia

ISBN 979-11-94223-77-1 (03320)

책 내용에 관한 궁금증은 표지 앞날개에 있는 저자의 이메일이나
저자의 각종 SNS 연락처로 문의해주시길 바랍니다.

책값은 뒤표지에 있습니다.
파본은 구입하신 서점에서 교환해드립니다.